MARCO POLO

Ibiza
Formentera

Reisen mit Insider Tipps

Diesen Reiseführer schrieb Andreas Drouve, ein ausgewiesener Landes- und Inselkenner, der seit Jahren in Spanien lebt und zahlreiche Reisebücher über seine Wahlheimat verfasst hat.

www.marcopolo.de

Infos zu den beliebtesten Reisezielen im Internet, siehe auch Seite 106

SYMBOLE

Insider Tipp **MARCO POLO INSIDER-TIPPS:**
Von unserem Autor für Sie entdeckt

★ **MARCO POLO HIGHLIGHTS:**
Alles, was Sie auf Ibiza und Formentera kennen sollten

HIER HABEN SIE EINE SCHÖNE AUSSICHT

WO SIE JUNGE LEUTE TREFFEN

PREISKATEGORIEN

Hotels

€€€	über 150 Euro
€€	80–150 Euro
€	bis 80 Euro

Die Preise gelten für eine Übernachtung von zwei Personen im Doppelzimmer (ohne Frühstück).

Restaurants

€€€	über 30 Euro
€€	15–30 Euro
€	bis 15 Euro

Die Preise gelten für ein Essen ohne Getränke bzw. für ein für das jeweilige Lokal typisches Tagesmenü.

KARTEN

[118 A1] Seitenzahlen und Koordinaten für den Reiseatlas Ibiza/Formentera

[U A1] Koordinaten für die Karte Eivissa/Ibiza-Stadt im hinteren Umschlag

Zu Ihrer Orientierung sind auch die Orte mit Koordinaten versehen, die nicht im Reiseatlas eingetragen sind.

GUT ZU WISSEN

Tipps für Lesehungrige **11** · Nützliche Meereswälder **16**
Spezialitäten der Pityusen **20** · Fit durch die Hauptstadt **43**
Teurer Spaß **44** · Luxus hinter Bruchsteinmauern **51**
Der verhexte See **85** · Natur entdecken **86**

Inhalt

Die wichtigsten MARCO POLO Highlights

Sehenswürdigkeiten, Orte und Erlebnisse, die Sie nicht verpassen sollten

1 **Dalt Vila**
Tauchen Sie ein in Mauerverbünde und Gassengeflechte – Eivissas faszinierender Altstadthügel ist Welterbe der Unesco (Seite 33)

2 **Necròpolis Puig des Molins**
Abstieg in vorgeschichtliche Grabhöhlen, Sarkophage im gespenstischen Dämmerlicht (Seite 35)

3 **Pachá**
Hier empfinden Nachtschwärmer ihre Euros gut angelegt – Superstimmung in der Superdisko (Seite 41)

4 **Platja d'es Cavallet**
Sonne, Sand und nackte Tatsachen – hier können Sie die Seele baumeln und die Hüllen fallen lassen (Seite 44)

5 **Cala d'Hort**
Blick auf die Zauberinseln Es Vedranell und Es Vedrà – eine der Vorzeigeansichten der Pityusen (Seite 49)

6 **Sa Talaia**
Der Berg ruft – hinauf auf Ibizas höchsten Buckel; die Fernsicht ist einfach phantastisch (Seite 51)

7 **Cala d'Albarca**
Kulissen aus Klippen und Kiefern säumen eine der spektakulärsten Buchten Ibizas (Seite 58)

Ausblick auf Ibizas »Zauberinseln« in der Cala d'Hort

Mächtige Mauern: Eivissas Dalt Vila

8 Cala Bassa
Geschützte Bucht mit Sand und Felsen und schöner Aussicht aufs Meer (Seite 58)

9 Privilege
Megafun in der Megadisko – der Promi- und Partytreff in Sant Rafel schreibt seine Geschichte jeden Sommer neu (Seite 61)

10 Cova de Can Marçà
Tropfsteinhöhle bei Port de Sant Miquel mit Licht- und Tonshow und rätselhaften Zeichen von Schmugglern an den Wänden (Seite 64)

11 Volkstänze
Tänze, Musik und bunte Trachten – jeden Donnerstagabend steht Sant Miquel de Balansat im Zeichen von Folklore (Seite 66)

12 Puig de Missa
Steigen Sie Santa Eulàrias Hausberg aufs Dach, treten Sie durch den überdachten Arkadenvorhof ein in die Wehrkirche (Seite 71)

Ibizas Cala d'Albarca

13 Platja de Llevant
Hier gehen Strandträume in Erfüllung: Baden und Sonnen auf Formentera mit und ohne (Seite 80)

14 La Mola
Jules Verne setzte der Hochebene ein literarisches Denkmal, am Leuchtturm ist Endstation in Formenteras weitem Osten (Seite 81)

15 Cap de Barbaria
Land's End auf Formentera: Felsküste wie aus dem Bilderbuch, der Leucht- und der Wehrturm als einsame Monumente (Seite 85)

★ Die Highlights sind in der Karte auf dem hinteren Umschlag eingetragen

Entdecken Sie Ibiza und Formentera!

Traumhaftes Inseldoppel: Ibiza mit sommerlichem Highlife, Formentera steht für Stille und pure Natur

Das Land, wo die Orangen blüh'n

Das waren noch Zeiten«, sagt Hotelier Joakim Brattlöf, lacht und schwenkt sein Gläschen Wein. »Damals, zu Franco-Zeiten, haben wir den Kaufvertrag des Grundstücks hier bei Sant Josep auf einer Papierserviette in der Bar aufgesetzt. Dann kamen die Unterschriften drunter, das war's.« Was sich wie eine Story aus wildromantischen Pionierzeiten anhört, liegt erst ein paar Jahrzehnte zurück. Seitdem hat sich Ibiza in rasendem Tempo verändert, ist wie ein Komet an die Spitze der europäischen Ferienziele geschossen. Die Urlaubsinsel im Mittelmeer stieg zum Inbegriff von Sun & Fun auf, von Sex & Drugs & Alcohol und One-night-stands. Nicht zu Unrecht, denn die im Winter jungfräulich daliegenden Straßen und Plätze verwandeln sich zur wärmsten Jahreszeit in heiße Spots: Schaubühnen, Laufstege, Anmachmeilen, Tummelbecken von Jetset und Althippies. Hier geizt man weder mit Reizen, noch spart man an phantasievollen Outfits. Ibizas legendäre Sommernächte werden zum Tag, der Tag verschwimmt vor Augen, getagt wird überall. Unter solcherlei Vorzeichen schwebt Europas Jugend unverändert zum Dauer-Event ein. Man vergnügt sich in Gay- und Cocktailbars, tanzt in Szenetreffs und Megadiskos bis zum Umfallen, trifft sich nach den relaxenden Stunden am Strand zu Sundownern und Schaumpartys, zieht sich die Dauerdröhnung ins Trommelfell und die knackigsten Partner unters Laken. Wer hierher kommt, weiß, was er will und sucht – besinnliche Ruhe ganz bestimmt nicht. Oder doch? Denn auch heute gibt es noch das »andere«, das beschauliche Ibiza, das einen Besuch zu jeder Jahreszeit lohnt und das mit seinem Zauber aus Farben, Licht und Gerüchen schon zu Beginn des 20 Jhs. zahlreiche Künstler und Intellektuelle aus ganz Europa in seinen Bann

Vor Ibizas Südwestspitze liegen die »Zauberinseln« Es Vedrà und Es Vedranell

Geschichtstabelle

Um 1600 v. Chr. Für Ibiza ist eine in Kreisform errichtete Siedlung im Inselosten nachgewiesen, auf Formentera legt die megalithische Grabstätte Ca na Costa Zeugnis der vorgeschichtlichen Präsenz des Menschen ab

654 v. Chr. Über dem Hafenbecken des heutigen Eivissa gründen die Karthager ihre erste Siedlung

1. Jh. v.–5. Jh. n. Chr. Römische Herrschaft auf den Inseln, später folgen Vandalen und Byzantiner

Ab dem 8. Jh. Die Mauren breiten sich auf den Pityusen aus und führen ausgeklügelte Bewässerungstechniken in der Landwirtschaft ein

1235 Eroberung der Inseln durch die Katalanen

1469 Mit ihrer Heirat legen Isabella von Kastilien und Ferdinand von Aragonien den Grundstein zum Aufstieg Spaniens zur Weltmacht

1555–85 Neue Anlage des Befestigungsrings von Evissa

17./18. Jh. Ständige Bedrohungen durch Piraterie, geringe Besiedlung; auf Formentera leben zu Beginn des 18. Jhs. gerade einmal 50 Einwohner

1936–39 Spanischer Bürgerkrieg, der auch auf den Balearen zu blutigen Konflikten führt

1939–75 Herrschaft des Generals Francisco Franco, die mit dem Tod des Diktators endet

1958 Auf Ibiza wird der Flughafen eröffnet

1960er-Jahre Beginn der Hippiekultur und des Massentourismus auf den Inseln

1983 Die Balearen werden Autonome Gemeinschaft, eines von 17 Bundesländern Spaniens

1999 Die Unesco ernennt die befestigte Altstadt von Eivissa, die prähistorische Nekropole am Puig des Molins und das phönizische Siedlungsareal von Sa Caleta zum Welterbe der Menschheit

2000–04 Spanien steht unter der Regierung der konservativen Volkspartei (Partido Popular)

2002 Spanien wird Euro-Land, die Wirtschaft befindet sich im Aufschwung

2003 Als kriegstreiberische Nation gegen den Irak gerät Spanien in die internationale Kritik

2004 Sieg der Sozialistischen Arbeiterpartei (PSOE) bei den Parlamentswahlen, José Luis Rodríguez Zapatero wird Regierungschef

2006 Die baskische Terrororganisation Eta erklärt einen unbefristeten Waffenstillstand

zog. Heimlich, still und leise ist in den letzten Jahren auch in diesem Bereich die Infrastruktur verbessert worden. Fernab von wummernden Bässen führen Rad- und Wanderwege durch abgeschiedene Pinienwälder, Berge und Buchten laden zu Entdeckungen ein, einsam gelegene Fincas bieten urige Unterkunft und erstklassigen Service.

Ibiza und Formentera bilden ein faszinierendes Inseldoppel, das zu den Balearen gehört und unter dem Begriff Pityusen firmiert. Schon Karthager, Römer und Mauren fühlten sich hier pudelwohl, während sich die wahre Weltgeschichte an anderen Orten abspielte. Ibiza und Formentera schwammen allenfalls am Rande mit und öffnen sich demzufolge heute nicht gerade als kulturelle Schatztruhen. Aus frühzeitlichen Epochen haben sich mancherorts Reste in Form von Hausfundamenten und Gräbern erhalten, die klobigen Wachtürme an den Küsten legen Zeugnis von den stets befürchteten Piratenattacken zwischen dem 16. und 18. Jh ab. Auch viele Kirchen tragen Wehrcharakter. Der steten Furcht vor Feindesvorstößen ist die eindrucksvolle Silhouette von Eivissa zu verdanken, der stark befestigten Hauptstadt Ibizas. Das historische Hügelviertel Dalt Vila schließt mit gewaltigen Mauerverbünden und Bollwerken ab und zählt zum Welterbe der Unesco – und das erfüllt alle Insulaner mit Stolz! Wie viele unter ihnen rein ibizenkisches Blut in den Adern haben, lässt sich kaum ermessen. Offiziell beziffert man die Einwohnerzahl von Ibiza auf rund 100 000, die von Formentera auf etwa 5000. Längst haben viele Auswärtige auf den Inseln eine neue Heimat gefun-

» Zauber aus Farben, Licht und Gerüchen «

Mittlerweile Tradition: Hippiemarkt Las Dalias bei Sant Carles

Reizvoll ist eine Landpartie vor allem zur Mandelblüte

den, darunter viele *residentes* aus unterkühlten mittel- und nordeuropäischen Sphären. Im Juli und August schwitzen alle um die Wette, zu Jahresbeginn weiden sie sich am Anblick der Mandelblüte und genießen an manchem Wintertag das Frühstück auf der Terrasse. Der Traum von ewiger Wärme wird allerdings nicht unbedingt wahr: Wohl dem, der zur Weihnachtszeit eine Heizung im Haus hat!

Auf den Pityusen bleibt alles in überschaubarem Rahmen. Ibiza bringt es auf eine Größe von 572 km^2, Formentera misst gerade einmal 82 km^2. Autobahnen sucht man vergebens, während staubige Schotterpisten häufiger auftauchen als erwartet. Ibiza und Formentera liegen in Sichtweite voneinander, zwischen beiden Inseln herrscht reger Fährverkehr. Strände gibt es wie Sand am Meer, allein auf Ibizas offiziellen Inselplänen sind mehr als 50 verzeichnet. Allerdings reihen sich die Strandareale nicht nahtlos aneinander. Manche sind nur zu Fuß erreichbar, liegen in malerischen kleinen Buchten und sind beidseits von Klippen begrenzt. Das wohl temperierte Wasser glänzt hellblau bis türkis, draußen liegen Yachten auf Reede, aus den Strandrestaurants strömen appetitanregende Düfte. Für Kontraste sorgen Täler im Inland und eine vielfältige mediterrane Pflanzenwelt mit Lavendel und Wacholder, Kiefern und wilden Kräutern, Kakteen und Agaven. Feigen- und Johannisbrotbäume, Mandelhaine und Weingärten fügen sich harmonisch ins Bild. Sieht man einmal vom modernen Eivissa und den beiden nächstgrößeren Städten Sant Antoni und Santa Eulària ab, fällt die verstreute Besiedlung auf. Als stille Wahrzeichen sind die weißen Häuser allgegenwärtig.

» *Malerische kleine Buchten* «

Der Natur kommt ein besonderer Stellenwert zu, weite Gebiete stehen unter Schutz. So wie die alten Salinen, die auf beiden Inseln als Vogelschutzzonen hervorstechen. Am höchsten hinaus geht es auf Ibizas Berg Sa Talaia, einem bewaldeten Buckel von 475 m Höhe mit tollem Blick über Hügel und Meer. Formentera hingegen zeigt sich von flacherer Gestalt und ganz auf Natur geeicht. Im Norden züngeln sich die Strände bis ans vorgelagerte Eiland Espalmador heran, im Osten wirft sich das Hochplateau La Mola um den Berg Sa Talaiassa bescheidene 192 m auf.

» Formentera, Ibizas beschauliche Schwester «

Zum Glück steht nicht alles im Zeichen des Fremdenverkehrs, der den Inseln mit rund 1,8 Mio. Besuchern pro Jahr einen deutlichen Stempel aufdrückt und die wichtigste Einnahmequelle bildet. Abstoßende Bettenburgen sind eher die Ausnahme, und Unternehmungslustige entdecken überraschend unbeleckte Dörfer. Hier begegnet man noch Alten, die durch die Gassen schlurfen und den Fremden freundlich grüßen. In ihrer Traditionspflege stehen die Einheimischen den übrigen Spaniern in nichts nach und feiern die Feste, wie sie fallen. Mit Hingabe pflegen sie Bräuche und Traditionen, formieren sich bei Patronatsfeiern in bunten Trachten zu Tänzen und lauschen andächtig dem Gottesdienst des Inselbischofs in der überfüllten Dorfkirche. Auf *català*, versteht sich, der hier verbreiteten katalanischen Sprache. Ansonsten spricht jeder Spanisch, im Tourismusbusiness manch einer Deutsch. Was nicht heißt, dass man aus Sicherheitsdenken heraus eine Schweinshaxe ordern oder in Fastfoodtempel einfallen muss. Die einheimische Kost lässt keinen kulinarischen Tiefschlag befürchten. So laden die Inseln nicht zuletzt dazu ein, den Genusshorizont zu erweitern. Mit einem *arròs amb peix* zum Beispiel, einem typischen Fischreis. Dazu empfiehlt sich ein guter Tropfen der lokalen Bodegas Can Rich oder Sa Cova – einfach köstlich. Und dann mit frischen Kräften auf zu neuen Entdeckungen auf Ibiza und Formentera!

Tipps für Lesehungrige

Krimischauplatz Ibiza

Überfall auf einen Geldtransporter, einige Euromillionen verschwinden auf dem »Flughafen Ibiza« – so der Titel eines Kriminalromans von Wolfhard Klein, der seine Leser an bekannte Schauplätze führt. Spannung und Lokalkolorit bietet auch »Tatort Ibiza«, ein weiterer Krimi, verfasst von Bruno Wertz. »Exil Ibiza«, ein Roman von Klaus Barski, dreht sich um die neue Existenz eines zwangsweise ausgestiegenen Werbefachmanns und wirft einen demaskierenden Blick auf die deutsche Inselszene.

Kalkweiße Häuser, Folklore und bunte Vogelwelt

Das Leben auf Ibiza und Formentera ist vielseitig; hier finden Sie wichtige Aspekte

Architektur
Aus der Ferne wirken manche Dörfer wie Schachtelwerke aus weißen Kuben – die würfelförmigen Bauelemente scheinen wie miteinander verwachsen. Andernorts vermitteln einsame Bauernhäuser den Eindruck von kleinen Bastionen, stoßen Fremdlinge regelrecht ab. All das ist kein Zufall, sondern typisch für die ländliche Architektur, die sich an historische Einflüsse aus der maurischen Welt und des östlichen Mittelmeerraums anlehnt. Das über zahlreiche Menschenzeitalter gepflegte Konzept beim Hausbau basierte weniger auf ästhetischen Vorlieben denn auf nüchterner Zweckmäßigkeit. Stets hatte man die klimatischen Gegebenheiten vor Augen. Dicke Mauern und kleine Fenster halten Hitze und Kälte zurück, das Kalkweiß reflektiert die Sonnenstrahlen. Über das von innen mit wuchtigen Balken gestützte Dach kann das Regenwasser direkt in die Zisterne ablaufen. Und um den Eintritt kühlerer Nordwinde zu vermeiden, legte man die Haupteingangstür an die Südseite. Einblicke in traditionelle Baustrukturen erhalten Reisende von heute in restaurierten Landhäusern, die zu Hotels umfunktioniert wurden. Nicht ganz stilecht allerdings: Bad mit Dusche gab es in früheren Zeiten nicht!

Farbsinfonie: Das Meer und der Himmel über Ibiza leuchten in den unterschiedlichsten Blautönen

Fauna
Weit gefehlt, wer auf den Inseln einzig schräge Vögel vermutet. Inmitten einer vielgestaltigen Vogelwelt halten Ornithologen Ausschau nach dem seltenen Fischadler und der zur Familie der Kormorane gehörenden Krähenscharbe, die es auf eine Größe von 75 cm bringt und an ihrem hakenförmigen Schnabel erkennbar ist. Die Krähenscharbe lebt ebenso an den Felsenküsten wie die Weißkopfmöwe, die Korallenmöwe und der Gelbschnabel-Sturmtaucher. Gelegentlich taucht der Eleonorenfalke auf, ein kleiner Raubvogel, der sich im Spätherbst in die afrikanischen Winterquartiere aufmacht und im Frühling zurückkehrt. Wer Glück hat, bekommt in den Salinen Rosa Flamin-

gos vors Fernglas oder das Objektiv. Darüber hinaus findet man diverse Eulen- und Reiherarten, während sich die restliche Tierwelt nicht allzu spektakulär ausnimmt. Dazu zählen Kaninchen und Igel, Feldmäuse und Eidechsen sowie Restbestände der Ginsterkatze und des Steinmarders. Giftige Tiere braucht man auf den Inseln zum Glück nicht zu fürchten!

Flora

Knorrige Oliven-, Orangen-, Zitronen-, Feigen-, Johannisbrot- und Mandelbaumhaine versprühen mediterrane Exotik. Inselweit charakteristisch ist die Aleppokiefer mit ihrer schirmartigen Krone sowie der oftmals verkrüppelt wirkende Phönizische Wacholder. Hinzu gesellen sich Zwergpalmen, Mastixsträucher, Zistrosen, Oleander, Strandflieder und ibizenkischer Ginster. Außerdem sind über 20 verschiedene Orchideengewächse dokumentiert, in den Salinen kommen verschiedene Binsenarten vor. Wer durch die Natur streift, wird sich an der Vielfalt kaum satt sehen und riechen können, denn Rosmarin, Thymian oder Lavendel verbreiten überall ihren würzigen Duft.

Folklore

Ohne einen Gedanken an touristische Showeffekte zu verschwenden, pflegen die Insulaner ihre Folklore und haben sich mancherorts in Volkstanzgruppen *(colles de ball pagès)* zusammengeschlossen. Die vier wichtigen Tänze heißen La Llarga, La Curta, Les Nou Rodades und La Filera. Während sich die Frau mit sanften Bewegungen eher zurückhält, vollführt der Mann um sie herum regelrechte Sprünge. Für den musikalischen Rahmen sorgen Flöten, Trommeln und große Kastagnetten. Bei den Trachten sind orientalische Einflüsse unverkennbar, die Frau legt an hohen Festtagen traditionsgemäß ihre wertvolle Gold- und Korallenkette an, die *emprendada*. Die Männer kommen schlichter daher: Weiße Hosen, rote Schärpen, rote Mützen sowie einfaches Schuhwerk aus Hanf und Segeltuch *(espardenya)* zählen zu ihrer typischen Festtracht.

Katalanisch

Der 8. August des Jahres 1235 war von entscheidender Tragweite und markiert im Rückblick den wichtigsten Tag der Lokalgeschichte. Damals stürmten die Katalanen auf Geheiß ihres expansionsfreudigen Königs Jaume I. die Insel Ibiza und drückten den Pityusen fortan mit Kultur und Sprache ihren Stempel auf. Erhalten hat sich bis heute das Katalanische *(català)*, das hier in einer für Außenstehende kaum wahrnehmbaren Dialektvariante gesprochen wird und nicht zuletzt als Ausdruck regionalen Selbstbewusstseins gilt. Katalonien steht den Bewohnern Ibizas und Formenteras halt näher als das stets mit Gedanken an Zentralgewalt verknüpfte spanische Kernland mit seinem behördlichen Wasserkopf Madrid. Die auf den Inseln verbreitete Zweisprachigkeit ist für Auswärtige mitunter schwer nachvollziehbar. Jeder Einheimische spricht im Regelfall Spanisch *(castellano)*, aber nicht immer *català*. Manche Gemeinden bieten spezielle Katalanisch-Intensivkurse für Erwachsene an. Im Reisealltag sieht man Verkehrsschilder durchweg auf Katalanisch, während sich bei Adressenangaben teils katalanische, teils spanische Ausdrücke finden.

Promis

Auf den Inseln gewittert es öfter, als man denkt. Gemeint sind fotografische Blitzlichtgewitter, unter denen die Promis erstrahlen. Vor allem im Sommer tummeln sich hier Stars und Sternchen aus Film und Fernsehen, aus dem Showbiz und der Modebranche. Spaniens Gazetten berichten vom bunten Treiben, ob in den Megadiskos oder an der Marina Botafoc in Eivissa. Die Liste bekannter Inselbesucher liest sich wie ein Who-is-who des internationalen Showgeschäfts. Was seinerzeit mit Roman Polanski, Ursula Andress und Nina Hagen begann, hat sich bis in unsere Tage mit Madonna, Elle McPherson, Eros Ramazzotti und Kultregisseur Pedro Almodóvar fortgesetzt. Auch Fußballgötter und Spaniens Royals werden immer wieder gesichtet – Promialarm!

Salinen

Die Tradition der Salzgewinnung reicht bis in phönizische Zeiten zurück. Um Haaresbreite wäre es vor Jahren allerdings um Ibizas berühmte Salzbecken geschehen gewesen, weil Bauprojekte die alten Strukturen zu verdrängen drohten – doch Umweltschützer gingen auf die Barrikaden und bereiteten den Weg zum Triumph über die Spekulanten. Heute gehört die ökologisch wertvolle Landschaft zusammen mit einigen Dünen und Stränden wie Es Cavallet und Ses Salines zum *Parque Natural de ses Salines d'Eivissa i Formentera*, in dem über 200 Vogel- und rund 180 Pflanzenarten vorkommen und zum Teil unter Schutz stehen.

Tourismus

Nach einem vorübergehenden Durchhänger zu Beginn des 21. Jhs. zieht die Konjunktur im Tourismusgeschäft wieder an. Optimisten

In den Salinenbecken verdunstet das Meerwasser, zurück bleibt das Salz

erwarten bis zu zweistellige Zuwachsraten. Gegenwärtig kommen pro Jahr etwa 1,8 Mio. Besucher nach Ibiza und Formentera, davon über ein Drittel Briten und etwa ein Sechstel Deutsche. Jeweils rund 250 000 Besucher kommen vom spanischen Festland und aus Italien. Österreich und die Schweiz halten sich mit etwa 20 000 Besuchern die Waage.

Umwelt- und Naturschutz

Groß haben sich die Pityusen das Thema Natur auf die Fahne geschrieben; allein auf Ibiza stehen mehr als 40 Prozent der Oberfläche unter Schutz. Zwischen dem Süden Ibizas und dem Norden Formenteras breitet sich der vor wenigen Jahren gesetzlich verankerte *Parque Natural de Ses Salines* aus, der auf seinen knapp 120 km^2 Salinen, Strände, Dünen, Klippen und die Meereszonen samt kleineren Eilanden umfasst.

Neid erweckend ist die Sauberkeit vieler Strände, von denen eine ganze Reihe bereits mit der »Blauen Flagge« geadelt wurde. Um die Dünen zu schützen, wurden in den letzten Jahren zaunflankierte Holzstege für die Besucher angelegt. Gleich daneben mahnen Schilder, die fragilen Ökosysteme nicht zu betreten.

Auf den Inseln mangelt es an natürlichen Quellen, zum mediterranen Klima gehören lange Trockenperioden. Das Nass ist knapp und kostbar, sodass die lokalen Behörden mit Appellen wie »Sparen Sie Wasser im Urlaub!« Feriengäste für die Belange der Umwelt zu sensibilisieren versuchen. Müll ist ein weiteres Dauerthema, das unter den Nägeln brennt. Auf Formentera z. B. bleibt bislang keine andere Wahl, als die Abfälle nahe dem Cap de Barbaria »offiziell kontrolliert« abzuladen – keine Lösung für die Ewigkeit und dem Reinheitsgehalt der Luft nicht gerade zuträglich.

Wachtürme

Klobig und erhaben stehen sie dort, trotzen seit Jahrhunderten Wind und Wetter: die Wachtürme auf den Pityusen, die von einstmals unruhigen Zeiten künden. Geriet ein Piratenschiff in Sicht, entzündeten die Wächter auf dem Dach ein weithin

Nützliche Meereswälder

Posidonia oceanica, das Neptungras

Eine untermeerische Besonderheit ist das Neptungras *Posidonia oceanica*, das man oft fälschlicherweise für Algen hält. Die küstennah wachsenden Seegräser bilden regelrechte Wälder und Wiesen, tragen lange Stängel und Blätter und erfüllen wichtige Funktionen. Sie sorgen für Sauerstoffzufuhr, fördern die Selbstreinigung des Meeres und bieten Fischen willkommene Laichstätten. Mitunter werden die Pflanzen ans Ufer gespült und verbreiten herbe Gerüche. Das mag ein wenig abstoßend wirken, deutet im Grunde aber auf gesunde Gewässer hin.

An unruhige Piratenzeiten erinnern Ibizas mächtige Wachtürme, die Torres

sichtbares Warnfeuer. Statt ebenerdiger Türen verfügten die Türme meist über einen kleinen Einstieg auf halber Höhe, zugänglich nur über Strickleitern. Heute haben die Rundbauten ihre Funktion eingebüßt, sind nichts weiter als monumentale Zierde in herrlichen Lagen hoch über der Küste. Manche erreicht man nur zu Fuß, betreten oder besteigen darf man sie nicht.

Walter Benjamin

Walter Benjamin (1892–1940), einer der wichtigsten deutschen Zeitkritiker und Literaturtheoretiker, kam gleich zweimal nach Ibiza: von April bis Juli 1932 und von April bis September 1933. Die Insel war ihm von einem Bekannten empfohlen worden. Beide Male ließ er sich an der Bucht von Sant Antoni de Portmany nieder, während er seine Berliner Wohnung vermietete – doch dort um die Einnahmen betrogen wurde. Zu seinem literarischen Schaffen unter südlicher Sonne zählt die »Ibizenkische Folge«

Weinbau

»Es hatte mich immer gewundert«, sagt Juan Bonet Riera, »wie wir auf Ibiza aus so guten Trauben einen solch üblen Wein machen konnten.« Sein Vater sei keine Ausnahme gewesen, auch er habe den Most mehr schlecht als recht *home-made* gären lassen. Anfang der 1990er-Jahre entschloss sich der eigentlich im Tourismus tätige Juan, aus seinem Hobby einen Beruf zu machen und den Weinbau auf eine professionelle Basis zu stellen. Damit leistete er Pionierarbeit. Er kaufte ein paar Erbgrundstücke der Familie zusammen, hegte und pflegte die Pflänzchen und experimentierte nach Herzenslust – bis er vom Resultat überzeugt war und die ersten Tropfen seiner bei Sant Mateu d'Albarca gelegenen Bodega Sa Cova auf den Markt brachte.

Meeresgetier, Fleischeslust und Kräuterlikör

Auf den Inseln können Sie Fisch bis zum Abwinken kosten oder sich den Freuden einer deftigen Landküche hingeben

Das Meer macht Appetit, auf den Speisekarten der Restaurants schwimmt eine riesige Vielfalt an Seegetier obenauf. Wer sein kulinarisches Herz an Fisch verloren hat, sich aber nicht an einen Katzenhai mit Zwiebelgemüse *(gató am ceba)* herantraut, ordert am besten eine gemischte Fisch- oder Meeresfrüchteplatte. Feinschmecker rühmen den getrockneten Fisch, den man mitunter in dünne Streifen schneidet, um damit knackige Salate anzureichern – was jedoch ebenso Geschmackssache ist wie der Tintenfisch, der in der eigenen Tinte serviert wird.

Gerne kombiniert man Fisch und Krustentiere mit Reis, einem wichtigen Bestandteil der Mittelmeerküche – ob bei der Paella oder dem Reis nach Fischermannsart *(arròs de pescador)*. Gerne auch wird Reis mit Fleisch *(arròs amb carn)* oder Reis mit Kürbis *(arròs amb carabassa)* zu schmackhaften Gerichten zusammengestellt. Ein Klassiker unter den Nachtischen ist der Milchreis *(arròs amb llet)*.

Ibizenkische Spezialitäten in urigem Gemäuer bietet das Sa Capella de Can Basora in Sant Antoni

Wer Fleischeslust verspürt, bekommt in erster Linie Schaf- bzw. Lammfleisch. Huhn, Lamm- und Schweinefleisch bilden die Grundlage für einen deftigen Bauerneintopf nach Art der Altvorderen *(sofrit pagès)*; mit hinein kommen Kartoffeln, Blutwurst *(butifarra)* sowie Schweins- und Paprikawurst *(sobrasada)*.

Zur Grundlage der gesunden und ausgewogenen Mittelmeerküche zählen Knoblauch und Olivenöl, die sich in der beliebten Soße *allioli* vereinen. Leider hat sich eine alltägliche Zutat wie das Olivenöl in jüngster Zeit um die Hälfte verteuert. Zu Fisch- und Fleischgerichten reicht man gerne eine Soße bzw. Paste *(picada)* auf Öl-, Knoblauch- und Kräuterbasis, die man je nach Hausrezept mit Mandeln, Wein oder Petersilie zubereitet. Bei den Speisezutaten schwören die Insulaner auf vielerlei Gewürze, Blüten, Blätter und Beeren: ob Lorbeer oder Paprika, Rosmarin oder Safran,

Spezialitäten der Pityusen

Lassen Sie sich diese Köstlichkeiten gut schmecken!

arròs sec – Reisgericht, das der bekannten Paella entspricht und in das Fisch und Meeresfrüchte ebenso gehören wie Paprika, Kaninchen- und Hühnerfleisch

borrida de rajada – Ragout aus gekochtem Rochen, dazu eine würzige Soße *(picada)*

bunyols – Fettgebäck, wird gerne bei Volksfesten gegessen

calamars a la bruta – Tintenfische, gekocht in der eigenen Tinte

coca – eine Art salziger Kuchen mit diversem Belag; wird in Bäckereien verkauft. Beliebt sind die Varianten mit Paprikaschoten *(coca amb pebreres)* sowie mit Zwiebeln und Tomaten *(coca amb ceba i tomata)*

empanades – Teigtaschen, erhältlich in Bäckereien und eine ideale kleine Zwischenmahlzeit; wahlweise gefüllt mit Fisch *(empanades de peix)*, Fleisch *(empanades de carn)* oder Gemüse *(empanades de verdura)*

enciam amb peix sec – Salat mit getrocknetem Fisch, in den überdies gekochte Kartoffeln und geröstete Paprikaschoten gehören; populär auf Formentera

ensaimada – zum Frühstück beliebtes und recht trockenes Hefeteiggebäck in Schneckenform, mit Puderzucker bestreut

flaó – eine Art Käsekuchen, verfeinert mit Minze und Anislikör

greixonera – Dessert aus in Milch eingeweichten Ensaimada- oder Brotstücken, die in Eiermasse gebacken werden

guisat de caracols – Schneckentopf mit Wurst, Schweinebauch, Gemüse, Mandeln, Kartoffeln

guisat de peix – Fischtopf mit Kartoffeln und Paprika

hierbas – der Name an sich bedeutet »Kräuter« und steht hier für den typischen süßen Kräuterlikör der Inseln

macarrons de Sant Joan – Makkaroni, in Milch und mit Zucker und Zimt gekocht; typisch als Nachspeise am Johannistag

pebreres farcides – mit Fisch gefüllte Paprikaschoten

sofrit pagès – gut gewürzter Bauerneintopf mit Wurst, Kartoffeln und Fleisch (Lamm, Schwein, Huhn)

Oregano oder Majoran. Dahingegen spart man oftmals an Salz.

Unter Spaniern spielt das Frühstück keine große Rolle und beschränkt sich auf Kaffee und Croissant – doch keine Sorge, ordentliche Hotels haben sich auf den Morgenappetit ihrer mitteleuropäischen Klientel eingestellt! Im Gegensatz zum klassischen Milchkaffee *(café con leche)*, dem kleinen Kaffee mit einem Schuss Milch *(cortado)* und dem Espresso *(café solo)* führt der Tee *(te)* ein Schattendasein und wird im Normalfall als liebloser Beutelaufguss serviert.

Für Spanier schlagen mittags und abends die eigentlichen Speisestunden, bei denen man weder mit Geld geizt noch auf die Uhr schaut. Traditionell nehmen sich die Einheimischen ausgiebig Zeit zum Essen und begreifen dies nicht als bloße Nahrungsaufnahme. Unter Einfluss eines guten Tropfens wächst am Tisch ein Gesprächsforum heran, das sich durchaus ein paar Stündchen hinziehen kann. Mittags beginnt man zwischen 13.30 und 14.30 Uhr mit dem Tafeln, abends selten vor 21 Uhr. Auch ein Essensbeginn um 22 Uhr gilt nicht als ungewöhnlich. In erstklassigen Restaurants empfiehlt sich eine frühzeitige Reservierung. Niemals sollten Sie sich unaufgefordert zu Spaniern an den Tisch setzen, der Brauch ist unbekannt. Auch wird nicht gerne gesehen, wenn jeder extra bezahlt. In spanischen Grüppchen wirft man immer zusammen und splittet die Kosten zu gleichen Teilen auf.

Unter Mittag- und Abendessen verstehen die Einheimischen im Regelfall ein dreigängiges Menü aus Vorspeise, Hauptgericht und Dessert. Hier wählt man aus einem vorgegebenen Menüangebot aus oder bestellt à la carte. Aber natürlich sind die drei Gänge für Sie kein Zwang! Für den kleinen Hunger zwischendurch eignen sich Appetithäppchen *(tapas)*.

Wochentags zur Mittagszeit ist man mit einem preisgünstigen Tagesmenü *(menú del día)* bestens beraten, wobei sich Erlebnishungrige nicht vor authentischen Restaurants der *locals* scheuen sollten – diese liegen allerdings nicht an vorderster Hafenfront, sondern eher versteckt in Hintergassen. Hier ist das dreigängige Menü des Tages draußen an der Kreidetafel notiert, hier bekommt man noch etwas fürs Geld. Der Preis liegt günstigstenfalls bei rund 8 Euro und beinhaltet Brot und Wein; ein Gedeck schlägt nicht extra zu Buche, die Mehrwertsteuer (IVA) ist meist enthalten. Luxus dürfen Sie in solchen Speisetempeln nicht erwarten. In rustikalem Umfeld wird man rustikal bedient, die Sets sind aus Papier, im Hintergrund dröhnt der Fernseher auf Altenheimlautstärke. Auf den Tisch kommt meist eine Karaffe mit kühlem Leitungswasser, das durchaus trinkbar ist. Ansonsten bestellt man eine Flasche Mineralwasser *(agua mineral)*, ob mit Kohlensäure *(con gas)* oder ohne *(sin gas)*.

Auf alkoholischem Gebiet pendelt die Auswahl zwischen einem einfachen Hauswein, den lokalen Tropfen aus Bodegas wie Sa Cova oder Can Rich und importierten Spitzenprodukten aus Navarra oder La Rioja. In erster Linie sind Rotweine verbreitet, doch es gibt auch gute Rosés und Weiße. Nach dem Essen sollten Sie unbedingt den einheimischen Kräuterlikör, kurz *hierbas* genannt, probieren.

Extravagante Mode, Märkte und Wein

Shopping in schicken Boutiquen, Streifzüge über Hippiemärkte – zwischen Kunst und Kitsch finden Sie eine breite Auswahl für jeden Geschmack

Adlib heißt das Zauberwort, das die Modebranche seit Flower-Power-Zeiten bestimmt. Abgeleitet vom lateinischen »ad libitum« (nach Belieben) und erwachsen aus der Hippiekultur, folgten lokale Designer dem Leitsatz »Kleidet euch, wie es euch gefällt« – aber mit Geschmack! Die unkonventionelle Kleidung der Hippies bot den Modeschöpfern eine Quelle der Inspiration, aus der sie im Laufe der Zeit mit viel Phantasie und Geschick einen gesellschaftsfähigen Stil für die moderne Frau entwickelten: freizügig, extravagant, körperbetont, sinnlich. Traditionsgemäß gibt Weiß den Farbton an, doch es geht auch farbig frisch. All die Kleider und Blusen und Kostüme fanden und finden reißenden Absatz bei denen, die genügend Kleingeld für die ausgefallenen Kreationen haben. Die wahre Adlib-Mode ist halt keine Massenware von der Stange, sondern kommt zu stolzen Preisen in erlesenen Boutiquen daher. Eine breite Auswahl bietet die Hauptstadt Eivissa, wo die alljährlich im Frühsommer veranstaltete Modewoche *(Semana de la Moda)* für zusätzliche Schubwirkung sorgt. Exklusive Läden finden Sie in Eivissa im Bereich der Marina Botafoc sowie rund um den Passeig de Vara de Rey und nahe der Plaça de la Constitució.

Irgendwann kommt alles wieder in Mode: Schaufensterpuppe mit Jeansanzug

Shopping steht natürlich nicht einzig im Zeichen von Adlib und umspannt flotte Tangas und leichte Jacken ebenso wie schicke spanische Lederschuhe, deren Preise in jüngerer Vergangenheit rapide angezogen haben. Andererseits gilt, sich nicht von Billigstangeboten blenden zu lassen. Achten Sie stets auf gute Verarbeitung!

Modische Läden für Sie und Ihn gibt es wie Sand am Meer. Zumindest auf Ibiza, während Formentera als Shoppingpflaster eine vergleichsweise untergeordnete Rolle spielt. Beachten Sie die allgemeinen Öffnungszeiten der Geschäfte: montags bis samstags 9.30 bis 13.30 Uhr sowie 16.30/17 bis 20 Uhr. Da es kein striktes Ladenschlussgesetz gibt, schließen die Geschäfte während der Hochsaison mitunter abends ihre Pforten erst später und haben in touristischen Hochburgen auch sonntags geöffnet.

Authentisches Handwerk pflegen die Keramikmeister von Sant Rafel, einem Örtchen auf halbem Weg zwischen Eivissa und Sant Antoni de Portmany. Zur Auswahl stehen Henkelkrüge und Vasen, Schmuckteller und Kacheln, Töpfe, Schälchen und weitere Gefäße jedweder Form. Mitunter haben Vorbilder aus punischen Zeiten Pate gestanden, doch ebensogut bricht die eigene Experimentierkunst in Form von blauer oder schwarzer oder glänzend reflektierender Keramik durch. Nachbildungen von Figuren aus lange verflossenen Epochen erhalten Sie im Archäologischen Museum in Eivissa – doch bedenken Sie stets, dass das gute Stück den Transport nach Hause auch unbeschadet überstehen muss! Gleiches gilt für den Einkauf von traditionellen Musikinstrumenten wie Flöten, Trommeln und den großen Kastagnetten. Klein, fein und teuer sind Gold- und Silberschmuck.

Mit alten Traditionen verflochten sind sind die *espardenyes*, handgearbeitete Hanf- und Segeltuchschuhe, die Männer gerne bei lokalen Volksfesten anlegen. Allerdings ist der Nutzwert für normale Käufer eher begrenzt – regnen darf es am besten nicht! Zum volkstümlichen pityusischen Kunsthandwerk, nach dem Sie auf Märkten Ausschau halten können, zählen außerdem Körbe.

Hoher Beliebtheit erfreuen sich ess- und trinkbare Mitbringsel. An erster Stelle steht der einheimische Kräuterlikör *(hierbas)*, der auch in kleineren Flaschen und mit dekorativen Kräuterzweigen in der gelblich-süßen Flüssigkeit verkauft wird. Einen guten Ruf genießen die Produkte der bereits 1880 gegründeten Destillerie Marí Mayans, die ihren Sitz in Puig d'en Valls hat und für ihren preisgekrönten Likör »Hierbas Ibicencas« nicht weniger als 18 verschiedene Pflanzen verwendet. Mit von der Partie sind Rosmarin, Anis, Wacholder, Thymian und Minze – doch die genaue Mixtur ist ein wohl gehütetes Betriebsgeheimnis! Auf jeden Fall fördert das Getränk die Verdauung und verfügt über universelle Heilkräfte, ob gegen Rheuma oder Atemwegleiden.

Als weitere alkoholische Spitzenprodukte sind die vorzüglichen ibizenkischen Weine zu empfehlen, die man in den wenigen Bodegas gewissermaßen direkt von der Quelle erstehen kann. Und das ist stilvoller und überdies preiswerter als der Einkauf in den ohnehin recht teuren Supermärkten der Inseln.

Auf den Wochenmärkten können Sie sich gut mit typisch spanischer Kost eindecken, ob für den Direktverzehr oder zum Mitnehmen: eingelegte Oliven, Feigen, erntefrische Orangen oder Mandarinen, ein Stück Schafskäse, ein paar Scheiben luftgetrockneten iberischen Schinkens *(jamón serrano)* oder Blutwurst *(butifarra)*. Die rötliche Schweins- und Paprikawurst *(sobrasada)* ist je nach Produkt auch als Brotaufstrich geeignet, wobei sich niemand über tagesbegleitenden Geschmack im Mund wundern sollte. Beim Obstkauf lohnt es sich, auf Hinweise aus ökologisch betriebenem Anbau zu achten. Markthallen sind meist Cafés angegliedert, in denen Sie sich ein wenig ausruhen können.

Als bunte Treffs mit reichlich Entertainment sind die zwischen

Auch auf Ibiza wird getöpfert, etwa nach antiken punischen Vorbildern

Frühling und Herbst regelmäßig abgehaltenen Hippiemärkte fast schon legendär, besonders bekannt ist der Mittwochsmarkt von Es Canar in Punta Arabí. Die Auswahl scheint schier unerschöpflich und umfasst alles Lebensnötige und -unnötige wie modische Ketten, Armbänder, Ohrringe, Buttons, Blusen, Kleider, Taschen, T-Shirts, Tücher, Skulpturen, Räucherstäbchen, Lederartikel, Seife, Kerzen, Aromen. Im Gegensatz zu den 1970er-Jahren, als sich hier wirklich die Blumenkinder tummelten und Selbstgemachtes verkauften, hat man es auf den Hippiemärkten von heute vornehmlich mit professionellen Beschickern und Produkten aus mehreren Kontinenten zu tun: Kitsch und Nippes inklusive. Der einzige ganzjährige Hippiemarkt findet samstags beim Restaurant *Las Dalias* in Sant Carles statt *(Juni–Sept. Mo 18–1 Uhr auch Night Market)*. Am besten, Sie besorgen sich bei den Fremdenverkehrsämtern die aktuellen Termine und Standorte der Märkte.

Zu jeder Jahreszeit, in der Regel nur nicht während der Sommerglut, trifft sich ein buntes Verkäufer- und Käufervölkchen jeden Samstag auf dem Gelände der Pferdebahn von Sant Jordi de ses Salines. Auf dem dortigen Flohmarkt *(rastrillo)* nahe dem Flughafen reicht die Angebotsspanne von Antiquitäten und Kinderkleidern über gebrauchte Schuhe und selbst gebrautes Bier bis hin zu deutschen Büchern aus der Pappkiste – für Langzeiturlauber und *residentes* gar keine schlechte Gelegenheit, sich mit Lesestoff einzudecken. Häufig nutzen pfiffige Händler die Gunst der Stunde, um Obst und Gemüse, Gebäck und frisch gepressten Orangensaft an die Besucher zu bringen.

Last but not least ein Wort zu anderen spanischen Produkten, die Sie auf Ibiza und Formentera bekommen. Zigaretten sind wesentlich preiswerter – und im Falle von beinharten Lungengeschossen wie *Ducados* und *Fortuna* deutlich ungesünder –, während der auch daheim im Supermarkt erhältliche katalanische Sekt *(cava)* wegen der geringen Preisdifferenz kaum den Transport lohnt. Wer spanische CDs sucht, sollte in den gut sortierten Musikläden zuschlagen.

Feste, Events und mehr

Tanz, Musik, Prozessionen – Patronatsfeiern bieten unverfälschte Bilder

Glaube und Aberglaube gehen Hand in Hand, viele Orte wähnen sich mit ihren Heiligennamen von Antonius (Sant Antoni) bis Franziskus (Sant Francesc) unter einem guten Stern. Klar, dass den Tagen der jeweiligen Schutzpatrone ein besonderer Stellenwert zukommt und die Brauchtumspflege dann auf ihrem Höhepunkt steht – das Volk wird gelegentlich gratis mit Wein und Fettgebäck versorgt. Vor und nach dem eigentlichen Festtag nimmt das bunte Programm oft reichlich Raum ein: mit Umzug *(desfilada)*, Prozession *(processó)*, Tanzball *(ball)*, Sportwettkämpfen, Theater und musikalischen Auftritten.

Volksmusikanten in Tracht

Offizielle Feiertage

1. Jan. Neujahr; **6. Jan.** Hl. Drei Könige; **März/April** Gründonnerstag *(Jueves Santo)*, Karfreitag *(Viernes Santo)*; Ostermontag *(Lunes de Pascua)*; **1. Mai** Tag der Arbeit; **15. Aug.** Mariä Himmelfahrt; **12. Okt.** Tag der Entdeckung Amerikas; **1. Nov.** Allerheiligen; **6. Dez.** Tag der Verfassung; **8. Dez.** Mariä Empfängnis; **25. Dez.** Weihnachten; **26. Dez.** Tag des hl. Stephan *(San Esteban)*

Feste und lokale Veranstaltungen

Januar

5. Jan.: bunte Umzüge am Vorabend des *Dreikönigstages*

In Sant Antoni de Portmany steht der Monat ganz im Zeichen des *Schutzpatrons Antonius*: Musikfestival, Insider Tipp stimmungsvolle Konzerte im Festzelt auf dem Passeig de ses Fonts, Theater, am Tag des Heiligen (17. Jan.) Festumzug und Segnung der Haustiere

2. Monatshälfte *Patronatsfest in Santa Agnès de Corona* mit Trachtentänzen und musikalisch begleiteter

Insider Tipp Bildnisprozession durch den Ort am Tag der hl. Agnes (21. Jan.)

Februar

Um den 12. Feb.: *Patronatsfest in Santa Eulària d'es Riu*, Tanz und Musik

★ Große *Karnevalsparade* in Eivissa

März

Um den 19. März: *Fiesta des Schutzpatrons (des hl. Joseph) in Sant Josep de sa Talaia*

März/April

Karwoche (Semana Santa) mit Büßerumzügen der Bruderschaften, bei denen man Standbilder durch die Straßen trägt; besonders lohnend in Eivissa

Um den 23. April: *Patronatsfest in Sant Jordi de ses Salines*; typische Tänze

Mai

1. So im Monat: *Festes de Maig*, folkloristisch umrahmtes Maifest in *Santa Eulària d'es Riu*

In der ersten Monatshälfte ★ *Mittelalterfest (Feria Medieval)* in Dalt Vila im Gedenken an die Ernennung der historischen Altstadt Eivissas zum Weltkulturerbe

Juni

★ *Semana de la Moda*, Modewoche in Eivissa, Präsentation der neuesten Adlib-Kreationen (mitunter auch erst im Juli)

24. Juni: *Patronatsfest des hl. Johannes in Sant Joan de Labritja*, am Vorabend in vielen Dörfern Johannisfeuer *(focs de la nit de Sant Joan)*

Juli

Internationales Jazzfestival in Eivissa, Rock- und Popkonzerte im Rahmen des Programms »Estiu Jove« (Junger Sommer), auch im Aug.

16. Juli: in Eivissa *Fest der Mare de Deu del Carme* mit Seeprozession zu Ehren der Schutzheiligen des Meeres

August

Anfang des Monats: doppeltes Patronatsfest in Eivissa zu Ehren der *Mare de Deu de la Neu* (5. Aug.) und des *Sant Ciriac* (8. Aug.); Folklore, Konzerte, Feuerwerk

Um den 24. Aug.: *Fest von Sant Bartomeu in Sant Antoni de Portmany*; Feuerwerk, Jahrmarkt

September

Um den 29. Sept.: *Volksfest in Sant Miquel de Balansat*

November

Mitte des Monats: *Patronatsfest in Santa Gertrudis de Fruitera*

Karneval made in Ibiza

Lebenslust vor wuchtigen Mauern

Jubel, Trubel, Heiserkeit – im Sommer steht Eivissas Betriebstemperatur auf heiß bis kochend

Schrill, schriller, Eivissa. In der Hochsaison platzt Ibizas Hauptstadt aus allen Nähten, avanciert zur Inselmetropole des Dauerkarnevals. In der Sommerglut strömen die heißesten Ladies und die coolsten Typen zusammen, in Diskos und Bars kocht die Stimmung über. Schön, dass der Rahmen zum quicklebendigen Ambiente passt und sich alles andere als steril ausnimmt. Altstadtmauern, Promenaden und Meer drücken dem Ganzen gleich mehrere i-Tüpfelchen auf. Im weit verästelten Hafenbecken riecht es nach Öl und weiter Welt. Hier laufen Fähren und Containerschiffe ein, stolze Motorboote und Segelyachten steuern ihre Liegeplätze an. In der historischen Oberstadt Dalt Vila geht es bis zur Kathedrale steil bergauf – ein atemschweres Opfer für alle Hügelbezwinger, die mit grandiosen Ausblicken belohnt werden. Nur eines bietet Eivissa nicht: Strände. Doch keine Panik, die Wege auf der Insel sind nicht allzu weit, und die ersten sandigen Weiten beginnen gleich hinter dem Stadtrand. So wie die Platja de Talamanca, die Platja de ses Figueretes und vor allem die lange Platja d'en Bossa, der »Relax-Beach«, wo sich die meisten Hotels konzentrieren.

Schmucke Häuserfassade am Passeig de Vara de Rey

Eine von Eivissas zahllosen Bars

EIVISSA

Karte in der hinteren Umschlagklappe

[118 B–C6] Einst fürchtete sich Eivissa vor osmanischen Feinden und verschanzte sich hinter gigantischen Mauern, heute bläst die internationale Fungemeinde zum Sturm auf die Stadt (32 000 Ew.) – und fühlt sich mit offenen Armen empfangen. Im Sommer tummelt sich im weiten Dunstkreis des Hafens ein buntes, internationales Völkchen, das sich zu jeder Tages- und Nachtzeit vielfältig mischt. Fast jeder bringt ein gerüttelt Maß an

Blick von Eivissas Altstadt auf die Marina Botafoc gegenüber

Vergnügungs- und Paarungsbereitschaft mit, und auf der Suche nach wildem Nightlife und One-nightstands wird kaum jemand enttäuscht. Erlaubt ist, was Spaß bringt – in phantasievollen, schrillen Kostümen, in knappen Stoffen oder gleich transparent. Straßen und Plätze verwandeln sich in Laufstege für Selbstdarsteller. Selig vereint feiern Hippies und Freaks, Schwule und Heteros ihren persönlichen Stimmungsmix aus Karneval und Love Parade bis zum letzten Urlaubstag – oder bis zum Ende der konditionellen Fahnenstange. Vor solcherlei Eindrücken verblasst, dass die Stadt schweres historisches Geschütz auffährt – nicht nur auf den Kanonenplateaus von Dalt Vila. Eivissa rühmt sich, eine der ältesten Städte Europas zu sein. Die phönizisch-punische Nekropole am »Mühlenhügel« *Puig des Molins* gehört seit 1999 ebenso zum Unesco-Welterbe wie *Dalt Vila* selbst, wo sich die mächtigen Mauern seit maurischen Zeiten aufwerfen und auf Befehl Philipps II. im 16. Jh. erneuert wurden. Die Ernennung zum Welterbe hat das Mittelalterfest hervorgebracht, das im Regelfall am zweiten Wochenende im Mai steigt – dann glüht die Stadt mit Blick auf den Hochsommer vor.

In Ibizas Hauptstadt fällt die Orientierung nicht schwer. Als verlässliche Anhaltspunkte dienen das Hafenbecken und die vom Kathedralturm gekrönte Oberstadt Dalt Vila; im Zentrum markiert der Passeig de Vara de Rey den Übergang in die moderneren, geschäftigen Zonen. Exklusiv und schick geht es um die Marina Botafoc zu, bodenständiger in den einstigen Fischervierteln Sa Penya und La Marina.

SEHENSWERTES

Ajuntament **[U D5]**

Seit 1838 genießen Stadtväter und -mütter im Rathaus *(Ajuntament)* eine besondere Arbeitsidylle für den Büroschlaf: Eivissas Verwaltung ist in einem alten Dominikanerkloster untergebracht. Im doppelstöckigen Kreuzgang weisen Schilder zu diversen Ämtern, im Refektorium, dem einstigen Speisesaal, werden die regionalen Belange durchgekaut. Dort nämlich, unter den teilweise erhaltenen Gewölbemalereien und in plüschig rotem Sesselambiente, tagt heute das 21-köpfige Plenum. Im Vorraum des Sitzungssaals streift man an einer Gemäldegalerie mit Köpfen illustrer Persönlichkeiten Eivissas vorbei. Im Sommer dient der malerische Kreuzgang immer wieder als Rahmen für Konzerte.

Insider Tipp

Die Bogenfront des Rathauses wendet sich der palmengesäumten *Plaça d'Espanya* zu. In Sichtweite liegt die Mauerpromenade mit herrlichen Ausblicken auf die Hafenzufahrt; auf dem kleinen Vorplatz erinnert eine liegende Figur an Guillem de Montgrí, den gewählten Erzbischof von Tarragona, der 1235 entscheidenden Anteil an der katalanischen Eroberung der Insel hatte. *Plaça d'Espanya*

Capella de Sant Ciriac **[U C5]**

Winzige Kapelle in Form eines vergitterten Miniraums in der Altstadt, der an die katalanische Einnahme der Stadt am Tag des hl. Cyriakus, dem 8. August 1235, erinnert. Damals stürmten die christlichen Truppen die maurisch besetzte Stadt – der Legende nach mit tat-

MARCO POLO Highlights »Eivissa/Ibiza-Stadt«

★ **Hafen**
Hier legen Yachten und Fähren an, hier liegen die Ausgehmeilen Sa Penya und Marina Botafoc (Seite 34)

★ **Dalt Vila**
Auf Plätzen und Plattformen spüren Sie der Historie nach und genießen traumhafte Aussichten (Seite 33)

★ **Platja de ses Salines**
Unter Kiefern hindurch an den Sandstrand am Salinen-Naturpark (Seite 44)

★ **Platja d'es Cavallet**
Dünen, Sand und Felsen an Ibizas erstem Nacktbadestrand (Seite 44)

★ **Museu Arqueològic**
Zeitreise durch ein paar tausend Jahre Inselgeschichte (Seite 36)

★ **Pachá**
Für viele der Inbegriff des ibizenkischen Diskogeschehens, fasst bis zu 3000 Leute (Seite 41)

★ **Plaça de la Catedral**
Stadt und Hafen liegen Ihnen vor der Kathedrale zu Füßen (Seite 32)

★ **Necròpolis Puig des Molins**
Gräberfeld aus dem Altertum: hinab in unterirdische Gewölbe (Seite 35)

Mächtige Bollwerke schützen Eivissas Altstadt

kräftiger Mithilfe des rachsüchtigen Herrscherbruders. Dem nämlich hatte der lokale Potentat seine Lieblingsfrau aus dem Harem ausgespannt ... *C/. de Sant Ciriac*

Catedral Nostra Senyora de las Neus **[U C5]**

Kathedrale mit wehrhaft wirkendem Glockenturm und einer bis ins Mittelalter zurückreichenden Geschichte. Historiker vermuten, dass im Laufe der Zeit an selber Stelle bereits eine phönizische Kultstätte, ein römischer Tempel und eine Moschee der Mauren gestanden haben könnten. Dieses erste religiöse Gebäude, das die Katalanen auf der Insel erbauten, wurde im 14. Jh. in gotischem Stil erweitert und 1712 bis 1727 mit Barockelementen durchsetzt. Im Altarraum verehren die Gläubigen ein Bildnis der »Weißen Jungfrau« oder »Schneejungfrau« *(Nostra Senyora de las Neus)*. Warum der seltsame Name? Er gründet sich auf die Einnahme durch christlich-spanische Truppen im Jahre 1235 und auf den dem Eroberungstag (8. Aug.) am nächsten liegenden Mariengedenktag – das war der Tag der »Schneejungfrau« (5. Aug.), der noch heute feierlich begangen wird. Das Gotteshaus darf nur in angemessener Kleidung betreten werden. Der Kathedrale ist ein *Museum (Museo de la Catedral, Di–Sa 10–13.30 und 17–20 Uhr)* angeschlossen, das in der Sakristei und angrenzenden Räumlichkeiten interessante Objekte sakraler Kunst präsentiert.

Um die hoch in Dalt Vila gelegene ★ *Plaça de la Catedral*, den Freiplatz vor der Kathedrale, haben sich seit alters her weitere wichtige Gebäude gruppiert: das Kastell, der Bischofspalast, die Erlöserkapelle sowie die Universitat als Sitz der lokalen Regierungsorgane (heute *Museu Arqueològic*). Am Aussichtspunkt des Platzes schweift der Blick über weite Teile der Stadt und des Hafens. *Plaça de la Catedral, Kathedrale Di–Sa 10–13, Messe So, Fei 10.30 Uhr*

Dalt Vila [U C–D5]

Eivissas historische Altstadt Dalt Vila wirkt wie ein riesiges Freilichtmuseum, zieht Besucher jedweden Alters in ihren Bann und wurde von der Unesco zum Welterbe der Menschheit erhoben. Hier stimmen die Zutaten über nette Restaurants und Bars hinaus: Kanonenplateaus und Plätze, Aussichtspromenaden und verschlungene Gassen, wuchtige Türme und Stadtmauern aus mehreren Epochen. Die ringförmig um den Hügel angelegten Mauerverbünde gehen im Wesentlichen auf die zweite Hälfte des 16. Jhs. zurück, begonnen vom Baumeister Giovanni Batista Calvi und fortgesetzt von Jacobo Paleazzo alias Fratín. Immer wieder stoßen Sie beim Rundgang auf hilfreiche Drehinformationstafeln mit Skizzen und Texten, auch in Deutsch. Dalt Vila ist für den Durchgangsverkehr gesperrt.

Der klassische Einstiegspunkt liegt oberhalb der *Plaça de la Constitució*. Unter dem Wappenschild Philipps II. werden Sie vom *Portal de ses Taules* geschluckt und erreichen bald einen ersten faszinierenden Platz: *Plaça de Vila*. Richtung Rathaus geht es später über die *Plaça des Amparats* hinauf, die vorliegenden Plattformen geben phantastische Blicke über Stadt und Hafen frei. Auf den höchsten Punkten thronen Kathedrale und Kastell, doch die wollen erst einmal erreicht sein. Unterschätzen Sie weder Höhenunterschied noch Ausdehnung des Viertels! Der südliche Mauerumlauf von Kathedrale und Kastell führt an den Bollwerken *Sant Jordi* und *Sant Jaume* vorbei hinab und erlaubt den Ausblick auf die Küste; am Wege liegen Reste von Befestigungsmauern aus der Maurenzeit. Holpriges Pflaster, kalkweiße Fassaden mit Blumengehängen und wehender Wäsche, wildes Kabelgewirr, Dachgärten, manch abgewrackter Bau – all das gehört zu Dalt Vila wie eine Vielzahl wichtiger Gebäude, darunter das Rathaus und die Kathedrale.

Die jüngste Statistik besagt: Rund 700 Menschen leben ganzjährig in Dalt Vila, ein pulsierender Pol im Sommer, eine urbane Wüste im Winter. Junge und Alte sind hier ansässig, *ibicencos* und Ausländer, die kleine Gemeinschaft der Klausurnonnen des Klosters *San Cristóbal* im Carrer Sant Vicent. In der kühleren Jahreszeit schließen 90 Prozent der altstädtischen Läden und Bars. Dann atmen die Besitzer tief durch, Dalt Vila nimmt wieder Dorfcharakter an – bis zum Beginn der nächsten Saison …

Església de Sant Domènec [U D5]

Um 1580 gelangte der Dominikanerorden auf die Insel, bald darauf setzten die Arbeiten zum Bau des Klosters und der Kirche ein (bis ins 17. Jh.). Im Zuge der Enteignung klerikaler Eigentümer 1835 verließen die Mönche die Anlage in Dalt Vila. Das Kloster wurde zum Rathaus, die kreuzgekrönte Dominikanerkirche hat sich als *Pfarrei San Pedro* erhalten. Im Innern Reste von Deckenfresken, Haupttretabel (17. Jh.) mit Darstellungen des San Vicente Ferrer und des Apostels Jakobus. In einer Kapelle [Insider Tipp] sehr schönes Bildnis des gekreuzigten Christus, der *Santo Cristo del Cementerio*. Meerwärts eröffnet ein schöner Mauerumgang eine tolle Aussicht. *C/. General Balanzat*

Hafen **[U C–F 2–4]**
★ Lebensader, Existenzberechtigung, Auffangbecken für Gott und die Welt – in Evissas Hafen läuft die ganze Palette vom Stapel, herrscht ein ständiges Ein und Aus von Container- und Kreuzfahrtschiffen, Segel- und Fischerbooten, Fähren und flotten Motorflitzern. Im Süden legt der Port seine volle Breitseite an die historischen Fischer- und Seemannsviertel *La Marina* und *Sa Penya* **[U C–D4]**, heute Tummelplätze der sommerlichen Fungemeinde. An der Hauptfährstation *Estació Maritima* laufen die dicken Pötte aus Barcelona und València ein, gleich dahinter erhebt sich das *Monument a los Corsarios*. Das 1906–15 errichtete Korsarenmonument in Form eines Obelisken ruft die »Ruhmestaten« der einheimischen Seebären ins Gedächtnis, die es – wie der berüchtigte Kapitän Antoni Riquer zu Beginn des 19. Jhs. – mit weitaus größeren Schiffen aufnahmen. Ein weiteres Monument im Kreuzungsbereich der Avinguda de Santa Eulària d'es Riu erinnert an die friedlicheren *Gent de la mar*, die »Leute des Meeres«.

Der Westen der Hafens bleibt dem Terminal der Formentera-Schiffe, dem Nautikclub, der Fischermole und der Containerverladestation vorbehalten. An der Nordseite reihen sich die Sporthäfen *Eivissa Nova* und *Marina Botafoc* auf, die es zusammen auf rund tausend Liegeplätze bringen und herrliche Blicke hinüber nach Dalt Vila erlauben. Nahe dem Casino beginnen schöne Parkanlagen.

Die *Marina Botafoc* **[U F2–3]** gilt als Inbegriff der Exklusivität. In scheckheftgepflegtem Ambiente bündeln sich Edelboutiquen, Shops von Immobilienhaien und Bootsvermietern, Bars und Gourmetrestaurants. Hier zeigen sich gerne Stars und Sternchen, hier pflegt man das Sehen-und-Gesehen-Werden, das Riechen-und-Gerochen-Werden – nicht verpassen! Bootszubringer ab

In einigen Gassen des Fischerviertels Sa Penya hat der Alltag noch Platz

Altstadtseite. Die *Platja de Talamanca* und die legendäre Disko *Pachá* sind nicht weit. Ein lohnender Spaziergang führt von der Marina am Botafoc-Leuchtturm vorbei zur Molenspitze an der Hafeneinfahrt.

Necròpolis Puig des Molins [U A5]

★ Abstieg in die Unterwelt mit Blick auf naturgetreu nachgestellte Skelette – alleine der kleine Grusel in den gespenstischen Tiefen der *Necròpolis Puig des Molins* lohnt den Besuch. Im Wesentlichen hält man sich allerdings überirdisch an frischer Luft auf und durchstreift die Reste jener Totenstadt, die im Altertum zunächst von den Phöniziern (ab 7. Jh. v. Chr.) und später später von den Puniern (ab 5. Jh. v. Chr.) genutzt wurde. Man bestattete die Verblichenen tief im Boden in Felsenschächten und -kammern. Historiker schätzen die gesamte Zahl der Gräber in diesem hangwärts aufsteigenden Areal auf mehrere tausend. Die Eingangs des 20. Jhs. begonnenen archäologischen Ausgrabungen halten bis heute an. Ein Rundgang von etwa 300 m Länge führt an Steinresten und dunklen Höhlenmündern vorbei, die nicht betretbar sind. Für Besucher freigegeben sind die »Maultier-Hypogäen«, unterirdische Gewölbe, deren Wiederentdeckung auf ein in den Schacht eingebrochenes Maultier zurückgeht. Hier führen 15 steile Stufen abwärts in die Tiefen der Gruft, die sich in mehrere kleine Höhlen verästelt – ein echtes Highlight! Neben dem historischen Friedhofsgelände liegt das *Museu Puig des Molins*, das voraussichtlich 2007 oder 2008 wieder eröffnet wird. *Im Sommer Di–Sa 10–14,*

Insider Tipp

Grabstelle der Necròpolis am Puig des Molins

18–20, So 10–14, sonst Di–Sa 9 bis 15, So 10–14 Uhr, Via Romana, s/n

Passeig de Vara de Rey [U B–C4]

Eivissas innerstädtische Prachtpromenade ist nach einem der berühmtesten Insulaner benannt: General Vara de Rey, der 1898 beim Unabhängigkeitskampf um die spanische Kolonie Kuba sein Leben ließ. Ihm ist das pompöse Monument in der Mitte gewidmet, Bäume spenden Schatten, viele Fassaden tragen nett aufgemachte Glasvorbauten. Beidseits des Boulevards konzentriert sich eine beliebte Einkehr- und Einkaufszone mit Cafés, Restaurants und Boutiquen. Oft geben Märkte und Konzerte mit ihren Bühnen- und Standaufbauten dem Passeig de Vara de Rey ein besonderes Flair.

Puig des Molins [U A–B 5–6]

Man nennt ihn »Mühlenhügel«, *Puig des Molins*: Zwischen dem 15. und dem Beginn des 20. Jhs. mahlten hier mehrere Windmühlen Getreide zu Mehl, heute sind sie außer Betrieb und haben – bis auf die *Molí d'es Porxet* – ihre Flügel verloren. Ein kleiner Rundgang führt Sie oberhalb der *Necròpolis Puig des Molins* an die Mühlenreste heran und eröffnet Ihnen ganz andere Ansichten von Eivissa und Umgebung. Anhaltspunkt ist der Carrer Luci Oculaci, der an die *Molí d'en Rog* und die *Molí d'es Porxet* führt. Hier genießen Sie Ausblicke auf Dalt Vila und die Strandzonen Richtung Figueretes und Bossa, ehe Sie an einen weiteren Dreierblock alter Mühlen aus dem 18. Jh. gelangen: *Molí d'en Fèlix, Molí d'en Toni Joan* und *Moli d'en Pep Joan*. Über den Mühlenhügel ziehen sich nicht nur Appartementblocks, sondern auch wildwüchsig belassene Zonen. Über den Carrer del Calvari erreichen Sie unterhalb der Bollwerke *Sant Bernat* und *Santa Tecla* die historische Altstadt und kommen – hinter dem Parkplatz – durch einen langen, beleuchteten Fußgängertunnel am Rathaus wieder heraus.

MUSEEN

Museu Arqueològic [U C–D5]

★ Punische Amulette und Keramikfiguren, römische Statuen und Amphoren, maurische Münzen – die sorgsam zusammengetragenen Exponate machen mit der Geschichte der Pityusen vertraut. Das Archäologische Museum ist erstaunlich verwinkelt, samt Gangschlauch vorbei an Vitrinen und dem Aufgang zu einem Panoramaplateau im Schatten der Kathedrale. In den Komplex sind die Baustrukturen der Erlöserkapelle (14. Jh.) und der Universitat (bis 1838 Sitz des Rathauses) integriert. *Im Sommer Di–Sa 10–14 und 18–20, So 10 bis 14, sonst Di–Sa 9–15, So 10–14 Uhr, Plaça de la Catedral*

Museu d'Art Contemporani [U C4]

Keine ständige Sammlung, sondern alle paar Monate wechselnde Ausstellungen unterschiedlicher Qualität werden in diesem Museum für zeitgenössische Kunst gezeigt. Allein die Größe schränkt den Präsentationsrahmen ein, die Fläche splittet sich in den hallenähnlichen Hauptsaal und den kleinen Unterbereich. Spannend liest sich die Geschichte des Gebäudes, das Spaniens Bourbonenkönige im 18. Jh. als Kaserne mit kanonensicheren unterirdischen Lagern anlegen ließen. *Mai bis Okt. Di–Fr 10–13.30, 17–20, Sa/So 10–13.30, Nov.–April Di–Fr 10–13.30, 16–18, Sa/So 10–13.30 Uhr, Ronda de Narcís Puget, s/n*

ESSEN & TRINKEN

Ca n'Alfredo [U B–C4]

Traditionsrestaurant im Herzen der Stadt, das auch von den Einheimischen heiß geliebt wird. Ibizenkische Küche. *So-Abend und Mo geschl, Passeig de Vara de Rey, 16, Tel. 971 31 12 74,* €€€

Can Brodis [U A4]

Ibizenkische Küchenkunst seit Beginn der Neunzigerjahre, günstig und gut. Reisgerichte, Lamm aus dem Ofen, Hausmannskost, Tagesmenü. *So geschl., C/. de Catalunya, 4, Tel. 971 39 19 58,* €

Can den Parra [U C5] Insider Tipp

Gemütlichkeit in der Altstadt, die nicht zuletzt gern von Romantikern genutzt wird. Das typisch spanische

Restaurant tischt Fisch- und Fleischgerichte zu gutem Preis-Leistungs-Verhältnis auf. Während der Hochsaison empfiehlt sich eine Tischreservierung. *Nur abends, Küche tgl. 20–1 Uhr, C/. Sant Rafael 3, Tel. 971 30 39 01, €€–€€€*

Il Giardinetto **[121 F4]**
Rundum Marina-Atmosphäre und mittendrin Pastadüfte schnuppern. Italienisches Restaurant, das auf hausgemachte Kost setzt. *Jan. geschl., sonst tgl., Marina Botafoc, Tel. 971 31 49 29, €€*

Jackpot **[U E1]**
Restaurant des Casinos, das von 21 bis 3 Uhr Sieger und Verlierer aufnimmt – und alle anderen, die in ansprechendem Ambiente auf Fleisch und Fisch stehen. *Auch Mittagstisch, So geschl., Passeig Joan Carles I, Tel. 971 31 33 12, €€€*

La Oliva **[U C5]**
Altstadtrestaurant, das ein internationales Publikum anlockt und einen mediterranen Stil sowohl bei der Dekoration als auch bei den Speisen pflegt. *Tgl. nur abends, während der Hauptsaison empfiehlt sich dringend eine Reservierung, Santa Cruz 2, Tel. 971 30 57 52, €€–€€€*

Pizzeria da Franco e Romano **[U B4]** Insider Tipp
Pizza und Pasta unter Holzbalken oder auf der Empore, solide Kost zu soliden Preisen. Zentrale Lage in einer weniger frequentierten Straße. Auch in der Nebensaison meist gut besucht. *Tgl., Av. Bartomeu Vicent Ramón, 15, Tel. 971 31 32 53, €*

La Raspa **[121 F4]**
Die exklusive Lage hat ihren Preis, dafür sitzen Sie auf der breiten Terrasse mittendrin im Geschehen – bei Fischsuppe, Kabeljau oder Entrecôte. *Tgl., Marina Botafoc, Tel. 971 31 18 10, €€€*

Studio **[U D4]**
Gepflegte internationale Küche. Als Vorspeise empfiehlt sich der gegrill-

Ein Ort für Glücksritter: Eivissas Casino mit Restaurant Jackpot

te Ziegenkäse, als Hauptgang Lachsfilet oder Lammkarree. *Tgl., nur abends, C/. de la Mare de Déu, 4, Tel. 971 31 53 68, €€–€€€*

EINKAUFEN

Shoppingfans sind in den stark frequentierten Zonen um den *Passeig de Vara de Rey*, die *Plaça del Parc* und die *Plaça de la Constitució* gut aufgehoben. Hier finden Sie speziell Mode und originelle Geschenkartikel jedweder Art. Ebenfalls geschäftig zeigt sich die *Avinguda d'Isidor Macabich*, die sich am Parc de la Pau vorbei durch die Neustadt zieht.

Aniseta **[U C3]**
Gute Likörauswahl zu vernünftigen Preisen, *Hierbas ibicencas* von der Kleinst- bis zur Großflasche. Nahe dem Fähranleger nach Formentera. *Av. de Santa Eulària d'Es Riu, 19*

Insider Tipp

Cantonada **[U C4]**
Elegante Mode für sie und ihn, auch Adlib-Modelle. *Av. Comte de Rosselló, 10*

Fotoprix **[U A4]**
Großer Fotoshop einer landesweit verbreiteten Kette, in dem Sie recht günstig Zubehör aller Art bekommen. *C/. Bisbe Abad y Lasierra, 35 B*

Galy **[U C4]**
Dress to impress: schickes Designeroutfit für sie und ihn. *Av. Bartomeu de Rosselló, 5–7*

Llibreria Vara de Rey **[U B4]**
Reichhaltiges Angebot an deutschen Zeitungen, Zeitschriften und Büchern; auch Landkarten. *Passeig de Vara de Rey, 22*

Mana **[U C4]**
Boutique der gleichnamigen Designerin, die sich in den letzten Jahren einen guten Ruf erworben hat. *C/. Pere Sala, 1*

Mayurka **[U B4]**
Schicke Designerklamotten und Accessoires für den erlesenen Geschmack und Geldbeutel. *Av. Ignasi Wallis, 11*

Mercat Nou **[U A4]**
Der Neue Markt, moderne, geschlossene Halle. *Zwischen C/. de Catalunya und C/. de Castella*

Mercat Vell **[U D4]**
Der Alte Markt, eine kleine und an den Seiten offene Säulenhalle mit Obst- und Gemüseständen. *Pl. de la Constitució*

Reserva Natural **[U C4]**
Originelle Geschenkideen aller Art. *C/. d'Annibal*

Ya **[U C4]**
Modische Bekleidung für Sie, Lederstiefel. *Passeig de Vara de Rey, 21*

ÜBERNACHTEN

El Corsario **[U C5]**
Bekanntes Altstadthotel zwischen Rathaus und Kathedrale, vom angeschlossenen Restaurant Blicke über die Ziegeldächer der Altstadt hinweg auf den Hafen. *15 Zi., C/. Ponent, 8, Tel. 971 30 12 48, Fax 971 39 19 53, www.ibiza-hotels.com/corsario, €€– €€€*

El Corso **[121 F4]**
Vier-Sterne-Haus nahe Marina Botafoc, Hafenpromenaden und Platja de Talamanca. Kleine Balkone, Meer-

Fast wie in Hollywood: Handabdrücke berühmter Gäste des Hotels Palacio

und Stadtblicke. *Nov.–März geschl., 179 Zi., C/. S'Illa Plana, Tel. 971 31 23 12, Fax 971 31 27 03, www.clubgreenoasis.com,* €€–€€€

La Marina **[U D4]**
Zentral gelegenes Hostal, zusammen mit anderen Pensionen wie *Los Caracoles* und *La Ebusitana* unter einer Leitung. Die Zimmer sind in verschiedene Preisklassen unterteilt, abhängig von Ausstattung und Aussicht. Während der Hauptsaison Mindestaufenthalt von drei Tagen. *24 Zi., C/. Barcelona, 6, Tel. 971 31 01 72, Fax 971 31 48 94, www.hostal-lamarina.com,* €

El Palacio **[U C5]**
Nennt sich »Hotel of the movie stars«, Unterkunft im Humphrey-Bogart-Zimmer oder in der James-Dean-Suite. Insider Tipp Museal-cinematografisches Ambiente in dieser exklusiven Altstadtherberge unter Schweizer Leitung. Vor dem Zugang sehen Sie in bester Hollywoodmanier erstarrte Handabdrücke von Mario Adorf und Uschi Glas, von Uwe Ochsenknecht und Udo Lindenberg. *Frühjahr–Herbst, 7 Zi., C/. Conquista, 2, Tel. 971 30 14 78, Fax 971 39 15 81, www.elpalacio.com,* €€€

Parque **[U C4]**
Hostalblock mittendrin im Geschehen, Altstadt und Ausgehzonen direkt vor der Haustür. Zimmer mit Etagenbad; DZ mit eigenem Bad in der Hauptsaison deutlich teurer. Im Unterbereich beliebtes Terrassencafé. *29 Zi., Pl. del Parc, Tel. 971 30 13 58, Fax 971 39 90 95, www.hostalparque.com,* €

El Puerto **[U B3]**
Kombination aus Hotel- und Apartmentblock. In günstiger Lage zum Hafen und zu den Ausgehzonen, kleiner Pool, ganzjährig geöffnet, Apartments für 2–4 Personen. Zimmer nicht übermäßig groß, Aussicht meist auf Häuserfronten, angenehmer sind jene zur Poolseite. *93 Zi., 80 Ap., C/. Carles III, 22, Tel. 971 31 38 12, Fax 971 31 74 52, www.ibizaelpuerto.com,* €–€€

Vara de Rey **[U C4]**
Solide, saubere Pension im Herzen der Stadt. Zimmer mit Waschbecken, Gemeinschaftsduschen. *Jan.–*

Bühne frei für Selbstdarsteller aller Art

Feb. geschl., 11 Zi., Passeig de Vara de Rey, 7, Tel./Fax 971 30 13 76, www.hibiza.com, €

La Ventana **[U C5]**
Altstadthotel mit atmosphärischer Dichte, das sich in seiner Innendekoration ganz der Kunst verschrieben hat. Insider Tipp Mit Restaurant, gut gelegen in Dalt Vila zwischen Unterstadt und Rathaus. *13 Zi., Pl. Sa Carrosa, 13, Tel. 971 39 08 57, Fax 971 39 01 45, www.laventanaibiza.com, €€–€€€*

FREIZEIT & SPORT

Im Hafen starten ganzjährig Linienboote nach *Formentera*; die häufigen Hin- und Rückfahrverbindungen (pro Strecke je nach Schiff 25 bis 60 Min.) erlauben Eiligen einen Tagesausflug auf die Nachbarinsel. An der Hafenausfahrt Eivissas bekommen Sie während der Fahrt einen vorzüglichen Ausblick auf das uneinnehmbar scheinende Mauergeflecht von Dalt Vila! Im Hafen legen während der Saison auch Zubringerboote zur *Platja de Talamanca* und zur *Platja d'en Bossa* ab sowie hinüber zur *Marina Botafoc* und nach *Santa Eulària d'es Riu.*

Jogger, aufgepasst: An der Nordostseite der Bucht animiert ein Stadtweg mit Trimm-dich-Stationen Insider Tipp zu einer kleiner Fitnessrunde. Starten Sie am Beginn des Passeig Joan Carles I, passieren Sie nett aufgemachte Pflanzentunnel, folgen Sie den Pfeilen durch die kleinen Parkanlagen und wieder zurück – oder dehnen Sie die Laufeinheit an der Marina Botafoc vorbei Richtung Leuchtturm an der Hafeneinfahrt aus.

AM ABEND

Eivissa ist jene Stadt, in der Europas Funpublikum die »Zeitverschiebung« in den heißen Sommermonaten so richtig auskostet. In flippigen Cocktailbars braucht man sich vor Mitternacht kaum sehen zu lassen, viele öffnen ohnehin nicht vor 23 oder 23.30 Uhr. So richtig voll wird es mancherorts erst morgens um zwei. Am besten, man bringt sich bei Pre-Partys erst mal auf Betriebstemperatur. Ibizas größte Diskos dehnen sich bis Platja d'en Bossa *(Space)* und Sant Rafel *(Privilege, Amnesia)* aus.

Wer in den Bereich um die lang gestreckte Gassenschneise des *Carrer de la Mare de Déu* (auch: *Calle de la Virgen*) eintaucht, weiß, was er sucht – dort konzentriert sich die

Gayzone. Gestählte Körper und handfeste Paketchen an der richtigen Stelle machen selbst müde Männer munter. Im Winter jedoch herrscht hier, wie auch sonst, tote Hose. Viele wichtige In-Adressen haben meist nur von April/Mai bis Oktober geöffnet.

Kinogänger finden die beste Auswahl in den außerhalb gelegenen *Multicines Eivissa* in der Av. Es Cubells **[121 E 4]**. Die Filme laufen meist synchronisiert in Spanisch.

Café Sidney **[121 F4]**
Hier schwemmt der Yachthafen die Schickeria ans Ufer, doch auch Landratten zeigen gerne, was sie haben, und fahren in Nobelkarossen vor. Dazwischen mischen sich Normalsterbliche zum kühlen Drink. *Marina Botafoc*

Can Pou **[U C4]**
Bar in der Hafenzone, guter Spot, um das Treiben zu beobachten. *C/. de Lluis Tur i Palau*

El Divino **[U E2]**
Luxusdisko in exklusiver Hafenlage, pflegt ihren Glamour und Stil und lockt häufig Promis an. House, DJs, *fiestas especiales*, High-Society-Feeling mit entsprechenden Preisen. *Öffnet meist Ende Mai/Anfang Juni bis Ende Sept./Anfang Okt., Sporthafen Eivissa Nova*

Keeper **[U E2]**
Music Bar, in der sich oft Gesichter aus Sport und Showbiz zeigen, morgens bis 5.30 Uhr geöffnet. Nahe Casino und Disko *El Divino. Passeig de Joan Carles I*

Madagascar **[U C4]** Insider Tipp
Lassen Sie auf der Barterrasse das Leben an sich vorbeiziehen, genießen Sie die Stimmung auf einem der schönsten Plätze der Insel. *Pl. del Parc*

Pachá **[U E1]**
★ Ein Klassiker unter den Diskotheken Ibizas, schon in den Siebzi-

Abendstimmung über Ibiza-Stadt – Nachtschwärmer in die Startlöcher!

Palmengesäumte Strandpromenade von Figueretes

ger- und Achtzigerjahren tummelten sich hier die Berühmten und Reichen. Faszinierende Licht- und Soundeffekte; bis zu 3000 Leute gehen rein. Im *Funky Room* Soul und Funk, im *Global Room* internationale DJs, wilde Themenfiestas. *Im Winter nur Fr/Sa geöffnet, Av. 8 d'Agost*

Teatro Pereyra **[U C4]**
Im alten Theater in zentraler Lage gehen die unterschiedlichsten Konzerte ab, auch DJs. *Av. Bartomeu de Rosselló, 3*

AUSKUNFT

Oficina d'Informació turística **[U B4]**
– C/. Antoni Riquer, 2, Tel. 971 30 19 00, Fax 971 30 15 62, www.cief.es
– Ankunftshalle des Flughafens (nur in der Saison) Tel. 971 80 91 18, Fax 971 80 91 32

ZIELE IN DER UMGEBUNG

Figueretes **[121 E5]**
Mit Eivissa verwachsener Vorort, der sich in mehrere kleine Strandabschnitte gliedert. Wasser- und Strandqualität fallen eher der B-Sortierung zu, sodass viele die nahe *Platja d'en Bossa* vorziehen. Nett aufgemacht zeigt sich jedoch die verkehrsfreie Promenade *(Passeig de les Pitiüses)*, die beidseits der Plaça de Julià Verdera abläuft. Am Südwestende der Promenade liegt das beliebte Café-Pub *Prince*, am anderen Ende das Vier-Sterne-Hotel *Los Molinos (ganzjährig, 147 Zi., C/. de Ramón Muntaner, 60, Tel. 971 30 22 50, Fax 971 30 25 04, www.thbhotels.com, €€–€€€)*. Blickbegleiter bleiben die Dalt Vila und die Rückansicht von Eivissas »Mühlenhügel« *Puig des Molins. 2 km südwestlich von Eivissa, zu Fuß am schnellsten über die Av. d'Espanya und den C/. País Basc*

Jesús **[121 F4]**
Neubaugebiete schnüren das alte Jesús wenige Kilometer nordöstlich von Eivissa ein. Die *Kirche* ist seit dem Spätmittelalter dokumentiert und somit eines der ältesten Gotteshäuser der Insel. Im Innern sticht der Altaraufsatz (15./16. Jh.) hervor, mutmaßlich ein Werk aus der valencianischen Schule des Rodrigo de Osuna. *Meist tgl. 9.30–12.30 Uhr, nachmittags unregelmäßig*

Platja d'en Bossa **[121 E5]**
Diskos, Bars oder Jetlärm aus der Einflugschneise des Flughafens – irgendwann bekommt man in *Platja d'en Bossa* ganz sicher seine Dröhnung. Der weit auseinander gedriftete Ort wirft sich mancherorts mit unansehnlichen Hochhausblöcken auf und hält sich parallel zum längsten Strand der ganzen Insel. Die sandigen Weiten vereinen alle Altersstufen und Geschmäcker, mitunter in drangvoller Enge. Nahe dem südlichen Ende erhebt sich die *Torre d'es Carregador*, ein wulstiger Wachturm des 16. Jhs. und der weithin einzige Kulturkontrapunkt zu Beach-, Night- und Highlife.

Vor allem Pauschalurlauber beziehen in Platja d'en Bossa Quartier und nutzten die reichhaltigen Angebote. Sport und Aktivitäten rund ums Wasser stehen hoch im Kurs: ob im *Wasserpark Aguamar* mit seinen langen Rutschen (nur im Sommer geöffnet) oder in der Tauch-, Segel- und Surfschule *Anfibios (Tel. 971 30 39 15, Fax 971 30 11 74)*. In Hotels wie dem *Club Med Ibiza (Nov.–Mai geschl., Tel. 971 39 67 84, Fax 971 39 67 86, www.clubmed.com €€€)* wird Gästen ohnehin reichlich Sportprogramm und Entertainment geboten. Natürlich geht es bei der Wahl der Unterkunft auch preisgünstiger, speziell, wenn man sich für eine Apartmentanlage entscheidet. In strandnaher Lage sind die *Apartamentos Bon Sol (C/. Manuel de Falla, 4, Tel. 971 30 04 66, Fax 971 39 12 30, www.apartamentosbonsol-ibiza.com, €–€€)* zu finden, die zusammen mit den angrenzenden *Apartamentos Squash* aus insgesamt 70 Einheiten bestehen. Es gibt einen kleinen Pool und durchweg gute Tarife, sieht man einmal von den ersten drei Wochen im August ab, die die angegebene Preiskategorie sprengen. Mai bis Oktober haben die *Apartamentos Mistral (42 Apartments, C/. Carlos Román Ferrer*

Fit durch die Hauptstadt

»Gimnasios« in Eivissa

Spaß am Körperkult – die Muskeln stählen, ein wenig entspannen, den Wein von der Nacht ausschwitzen ... In Eivissa finden Sie diverse Fitnessstudios *(gimnasios)* mit Geräteräumen, Laufbändern, Standfahrrädern und kleinen Saunen. Gute Adressen sind *Fraile Gym (C/. Aragó 94, Tel. 971 39 06 80, www.frailegym.com)* und *California Gym (C/. Aragó 102, Tel. 971 39 93 55)*, die Nichtmitgliedern Tageskarten anbieten.

28, Es Vivé, Tel./Fax 971 30 00 58, www.apartamentosmistral-ibiza.com, €–€€) geöffnet, die ganz ähnliche Charakteristika aufweisen; die Apartments sind für bis zu fünf Personen ausgelegt, man kann auch Extrabetten für Kinder ordern.

Buntes Treiben herrscht entlang der strandnahen *Avinguda de Pere Matutes Noguera*; hier pumpt man sich mit Bier und Burgern voll, hier mögen Cocktails wie »Sex on the Beach« die ausgeschwärmte Jugend zu selbigem animieren. Diskokracher ist das *Space* mit DJs, House, Techno und Garage. Zwischen Juni und September pflegt man ab dem frühen Morgen das After-hour-Image – wenn die anderen Diskos schließen, geht's im *Space* erst richtig los. *3 km südwestlich von Eivissa*

Platja d'es Cavallet **[121 E6]**

★ Feinsandiges Aushängeschild des Südens, gut kombinierbar mit der Platja de ses Salines. Die Anfahrt führt durch das weitflächige Gebiet der Salinen und erlaubt den Freiblick zurück auf die Hügelkulisse des Inlands. Am Wege liegen außerdem die beiden kleinen Kirchen *Sant Frances de S'Estany* (18. Jh.) und *La Revista* (19. Jh.). Endpunkt ist ein großer Parkplatz, von dort geht's ran an die Dünen und ab an den Nacktbadestrand. Ein beliebter Restauranttreff heißt *El Chiringuito (€–€€)*, als Zugabe gibt's den schönen Blick hinüber zur Dalt Vila. Südwärts zieht sich der Strand an Felsenplatten vorbei auf die Landspitze *Punta de ses Portes* zu – eine lohnende Wanderung an der Küste entlang. Weithin sichtbar thront dort die *Torre de ses Portes*, ein Wachturm des 16./17. Jhs. *10 km südwestlich von Eivissa*

Platja de ses Salines **[121 E6]**

★ Die nahen Salinen standen Namenspate bei Ibizas südlichstem Strand; an der Westseite der Bucht fällt der Blick auf die Salzverladeanlagen. Vom Großparkplatz aus führen Zugänge durch einen Kieferngürtel an den rund 1 km breiten Sandstrand heran – und der genießt einen hohen Beliebtheitsgrad! Ebenso wie das nahe Restaurant *Mar y Sal (€€)*, das seine Pforten von Mit-

Teurer Spaß

Diskoerlebnis zu stolzen Preisen

Oft stehen die Diskonächte unter einem besonderen Stern: von Erotik- und Überraschungsfiestas bis zu Schaum- und Wasserpartys für erhitzte Gemüter. Allerdings können Sie diesen Posten in Ihrem Urlaubsbudget gar nicht hoch genug ansetzen, denn die sündhaft teuren Diskoeintritte rangieren je nach Location, Wochentag bzw. Event um die 50-Euro-Marke! Mitunter bekommt man mit einem auf den Straßen verteilten Flyer ein wenig Rabatt, aber achten Sie auf das Kleingedruckte! Was die Strategien munterer Abzocke betrifft, so kann ein Bier durchaus 10 Euro und ein Wodka mit Zitrone 12 Euro kosten.

Kein Gletscher: Bei der Platja de ses Salines türmen sich Salzberge

Insider Tipp

te Juni bis Anfang Oktober 24 Stunden am Tag geöffnet hält; Salate, Grillfleisch, Reisgerichte und Fisch sind im Angebot. Wer bleiben will, quartiert sich im angeschlossenen Hostal *Mar y Sal* ein *(9 Zi., Nov. bis Ostern geschl., Ctra. Sa Canal, Tel. 971 39 65 84, Fax 971 39 54 53, marysalsalinas@hotmail.com, €)*. Vom Strand aus nehmen Wanderer die östlich angrenzende Landspitze *Ses Portes* mit ihrem gleichnamigen historischen Wachturm in Angriff. Parallel zur Küste führt der Weg über Felsplatten und durch versteckte kleine Senken. *Gut 10 km südwestlich von Eivissa*

Insider Tipp

Platja de Talamanca **[121 F4]**

Östlicher Hausstrand Eivissas, rasch zu erreichen ab der Marina Botafoc. Der tiefe und geschützte Buchteinschnitt verspricht ruhiges Wasser und steht deshalb bei Familien hoch im Kurs. Beliebter Treff, auch in der Nebensaison: das Strandrestaurant *Flotante (tgl., C/. de Talamanca, Tel. 971 19 04 66, €)*; die Plastikstühle drängen bis fast an die Meereslinie heran, zur Wahl stehen Omeletts und Fisch vom Grill. In Sichtweite erhebt sich der Vier-Sterne-Kasten des Hotels *Argos*, in dem Sie auf keinen Fall die wenig erhebenden Hinteraussichten auf den Parkplatz buchen sollten *(106 Zi., Tel. 971 31 21 62, Fax 971 31 62 01, www.sordibiza-hotels.com/argos, €€–€€€)*. Nahe dem *Flotante* erleichtern Ihnen Holzstege den Streifzug am ausgedehnten Sandband der *Platja de Talamanca* entlang. Später gehen die Planken in eine Promenade über, an der das umfassend renovierte Hotel *Ses Figueres* Unterkunft bietet *(39 Zi., Tel. 971 31 43 13, Fax 971 31 10 64, www.hotelsesfigueres.com, €–€€)*. Hinter den Kiefernhainen, an den Steinplatten Richtung Cap Martinet, ist Ende Gelände.

Im angrenzenden Inland liegt das Feuchtgebiet *Ses Feixes*. Bereits von den Mauren landwirtschaftlich genutzt, haben heute Reiher und Rallen in diesem Areal eine Heimat gefunden. Zur wenige Kilometer östlich gelegenen *Platja de Talamanca* gibt es ab Hafen Eivissa im Sommer einen Bootszubringer *(Anfahrt über die Av. 8 d'Agost)*.

Grüne Gebirge, blaues Meer

Sandige Strände, felsige Buchten und der Bergriese Sa Talaia – Ibiza wahlweise aus der Fisch- oder Vogelperspektive

Die facettenreiche Geografie gibt die Wege vor. Immer wieder führen Stichsträßchen hinab an die Küste mit ihren malerischen Buchten oder in weiten Schleifen um kleine Bergmassive herum. Ibizas »Mount Everest« heißt *Sa Talaia* und kratzt mit 475 m an den selten aufziehenden Wolken. Bergbesteiger erwartet ein prächtiges Panorama und ein merklicher Temperaturunterschied. Im Schatten des Sa Talaia liegt *Sant Josep de sa Talaia*, der einzige größere Ort der Region.

Sant Josep de sa Talaia

[120 C4] Eine Hauptstraße, eine Kirche, ein paar nette Winkel – auf diese spärliche Komposition reduziert sich das Ortsbild von Sant Josep de sa Talaia, Dreh- und Angelpunkt einer Großgemeinde von immerhin 15 000 Menschen. In und um Sant Josep selbst wohnt allenfalls ein Zehntel, abhängig von der Jahreszeit. Viele Ausländer haben sich in der Gegend mit Erst- und Zweitwohnsitzen eingekauft, als die Preise noch günstig waren. Heute weiß man in den hintersten Inselwinkeln längst, was der Euro wert ist – und bei Immobilien erst recht. Die Zeit der Schnäppchen ist endgültig passé. In jüngerer Vergangenheit haben Grundstücks- und Häuserpreise astronomische Höhen erreicht, die jährlichen Steigerungen liegen oft im zweistelligen Prozentbereich.

Etwas erhöht von der Ortsdurchgangsstraße Carrer Pere Escanellas bummeln Sie an der Kirche, auf der gegenüberliegenden Seite am Rathaus vorbei. Die kleinen Geschäfts- und Einkehrzonen konzentrieren sich auf den Carrer Sa Talaia und den Carrer Pere Escanellas.

Südwestküste: rote Felsen und kleine Sandbuchten

Sehenswertes

Església de Sant Josep
Im Ortskern gelegene Kirche (18. Jh.) mit Sonnenuhr, Glockenaufsatz und leuchtend weißem Arkadenvorbau. Im Innern fällt der Blick auf die hölzerne Kanzel und ein Bildnis des hl. Josef. Der Kirchenvorplatz dient gelegentlich als Rahmen für Freiluftkonzerte.

Sant Josep de sa Talaia

Beschauliches Städtchen im Hinterland: Sant Josep de sa Talaia

ESSEN & TRINKEN

Bernat Vinya
Traditionsbar im Herzen von Sant Josep, wo sich die Einheimischen auf einen Drink oder zum Kartenspiel treffen. *C/. del Jardí, Tel. 971 34 07 03,* €

Destino
Beliebte Anlaufstelle für Tapas. Hier können Sie sich vor dem Aufstieg auf den Sa Talaia stärken oder danach belohnen. *So-Mittag geschl., C/. Sa Talaia, Tel. 971 80 03 41,* €

Victoria
Etwa 6 km nordwestlich von Sant Josep. Allein die Traumausblicke auf Wälder und ferne Küste sind ein Genuss – reservieren Sie rechtzeitig Ihren Lieblingstisch, die Plätzchen auf der Panoramaterrasse sind begrenzt! Hohe französische Küche mit mediterranem Einschlag. Sehr gute Weinkarte. *Mai bis Okt. tgl. ab 19 Uhr, ausgeschilderter Abzweig (3,2 km) ab Hauptstraße Sant Josep–Sant Antoni, Tel. 971 34 09 00,* €€– €€€

EINKAUFEN

Sa Talaia
Bäckerei mit vorzüglichen Teigtaschen, beliebt ist auch der mit Paprikaschoten belegte Salzteigkuchen *(coca amb pebreres). C/. Sa Talaia*

ÜBERNACHTEN

Jardins de Palerm
Idyllisches Luxushotel in einer jahrhundertealten Finca. Pool und exotische Gartenanlagen. *9 Zi., C/. Pujol d'en Cardona, Tel. 971 80 03 18, Fax 971 80 04 53, www.jardinsdepalerm.com,* €€€

Insider Tipp **Victoria**
Komfort der Spitzenklasse abseits der touristischen Hauptpfade, ganzjährig geöffnet. Herrliche Ausblicke auf Kiefernhänge und Meer, ideal für Naturliebhaber. Zimmer, Suiten und Apartments mit eigener Küche. Pool, Sauna, Sonnenterrasse, Fitnessraum. *17 Zi., Ausgeschilderter Abzweig (3,2 km) ab der Hauptstraße Sant Josep–Sant Antoni, später ein Stück über die Piste, Ctra. Sant Agustí–Cala Tarida, km 3, Tel. 971 34 09 00, Fax 971 34 25 72, www.victoriaibiza.com, €€–€€€*

AUSKUNFT

Im *Rathaus* an der *C/. Pere Escanellas* kümmert man sich um touristische Belange und hält Infomaterial bereit. *Tel. 971 80 01 25, www.san jose-ibiza.net, santjosep@ctv.es*

ZIELE IN DER UMGEBUNG

Cala d'Hort [120 A–B5]
★ Ein kurzes, 15-prozentiges Gefälle lässt Sie auf dem letzten Stück regelrecht an die Cala d'Hort hinabstürzen. An Parkraum herrscht jedoch Mangel, auch die Restaurantplätze sind heiß begehrt. Der steinige Strand ist nicht ganz so reizvoll, der Ausblick, vor allem bei Sonnenuntergang, auf die Felseninseln *Es Vedranell* und *Es Vedrà* allerdings kaum zu überbieten. Insbesondere von Es Vedrà geht eine magische Kraft aus, im Sommer werden Bootstrips rund um das 382 m hohe Zaubereiland angeboten.

Eine archäologische Zugabe liegt im Hinterland an der Straße Richtung Cala Vedella/Cala Carbó: *Ses Països de Cala d'Hort*, eine interessante Grabungsstätte mit Wurzeln im 5. Jh. v. Chr. Insider Tipp Ein Stück weiter nordwestlich öffnet sich die in der Hauptsaison häufig überfüllte *Cala Carbó*, eine Minibucht mit steindurchsetztem Sandstrand und zwei Beachbars. Strände wie diese können in der Hochsaison allerdings völlig überfüllt sein. Auch das Wasser lässt mitunter an Sauberkeit zu wünschen übrig. *10 km südwestlich von Sant Josep de sa Talaia*

Cala Tarida [120 B3–4]
Lassen Sie sich nicht von den zubetonierten Flanken abschrecken, die

MARCO POLO Highlights »Der Südwesten«

★ **Cala d'Hort**
Traumhafte Aussicht auf das Inseldoppel Es Vedranell und Es Vedrà (Seite 49)

★ **Sa Talaia**
Gehen Sie Ibizas Aussichtsthron Nr. 1 über Stock und Stein an (Seite 51)

★ **Sa Caleta**
Imposantes Stück Felsenküste mit rotbraunen Klippen über der Bucht (Seite 50)

★ **Cala Vedella**
Sandige Badebucht zwischen Felsen und eine gute Infrastruktur (Seite 50)

Türkisfarbenes Wasser und feinen Sand bietet die Cala Vedella

Cala Tarida lohnt einen Abstecher. Ins Bild gehören schöne Sandabschnitte und Felsplatten, beim Beachvolleyball können Sie Kontakte knüpfen. Auch Familien mit Kindern suchen den Strand gerne auf. In exponierter Lage lockt das Restaurant *C'as Mila (tgl., Tel. 971 34 42 67, €€)*. Schöne Blicke garantiert das *Restaurante Posta de Sol (April bis Okt. tgl., Tel. 971 80 63 08, €)*, das auf einer Anhöhe liegt und über Treppen erreichbar ist. Die Anfahrt zur Cala Tarida ist nicht immer eindeutig ausgewiesen, im Zweifel folgt man den Schildern zum Insotel *Cala Tarida Beach Club. 9 km nordwestlich von Sant Josep de sa Talaia*

Cala Vedella **[120 A–B4]**

★ Schöner Buchteinschnitt, makelloser Sand, gute Infrastruktur – die Pluspunkte der Cala Vedella (auch: *Vadella*) liegen auf der Hand und zusammen mit dümpelnden Yachten und Fischerbooten vor Augen. Fischgerichte bereitet das Restaurant *María Luisa (an Sonn- und Feiertagen Reservierung empfohlen, Tel. 971 80 80 12, €€)*, Unterkunft bieten u. a. die *Apartamentos Blanco Sol (Tel./Fax 971 80 83 48, www.apartamentosblancosol.com, €–€€)*. In diesem kleinen Komplex haben Sie die Auswahl zwischen mehreren Studios für zwei Personen sowie Apartments für vier bis fünf Gäste; kleiner Pool. *9 km westlich von Sant Josep de sa Talaia*

Sa Caleta **[121 D5]**

★ Markante Klippen in rotbraunen Tönen formen die Kulisse von Sa Caleta, einer kleinen Bucht mit Steinstrand. Vom meernahen Parkplatz ist es ein Katzensprung ins ganzjährig geöffnete Restaurant *Sa Caleta (Tel. 971 18 70 95, €€–€€€)*, das sich auf Reis- und Fischgerichte spezialisiert hat; suchen Sie sich ein Plätzchen auf der Terrasse oder hinter der Fensterfront. Am Restaurant vorbei folgen Sie dem Weg wenige Gehminuten weiter zum *Poblat fenici*, den Überresten einer phönizischen Siedlung aus dem 7. Jh. v. Chr. Das kleine Gelände ist umzäunt und wegen seiner spärlichen Fundamente eher enttäuschend. Beeindruckender nimmt sich das Miteinander von Kieferngrün und Meeresblau im Hintergrund aus; der ganze Küstenstreifen steckt voller Bootsschuppen der Fischer. Nahe Strandalternativen bieten die *Platja des Codolar* (östlich) und die *Cala Es Jondal* (westlich). *10 km südöstlich von Sant Josep de sa Talaia*

Sant Agustí des Vedrà **[120 C3]**
Wird gern als eines der besterhaltenen Dörfer der Insel gerühmt, doch die Zugkraft für Besucher hält sich in Grenzen. Nicht so für deutschsprachige *residentes*. In und um Sant Agustí (400 Ew.) hat sich eine regelrechte Kolonie gebildet. Aus dem Ortsmittelpunkt an der Plaça Major ragt die weiße Kirche, ein Streifzug durch die wenigen Straßenzüge macht mit beschaulichem Landleben vertraut. *4 km nördlich von Sant Josep de sa Talaia*

Sa Talaia **[120 B–C4]**
★ Hoch über Sant Josep de sa Talaia bäumt sich der 475-m-Riese Sa Talaia auf. Ibizas höchster Buckel trägt eine Haut aus Kiefern und wilden Kräutern und überdies mehrere Antennen. Entdeckernaturen starten in Sant Josep zu einer Bergwanderung (einfache Strecke ca. 2,5 km, 40–45 Min.). Gehen Sie rund um die Bar *Bernat Vinya*, folgen Sie dem Weg bergan – aber Vorsicht, später erwarten Sie einige steile, steinige Stücke! Und an manchen Stellen müssen Sie genau hinsehen, denn auf die blau-grünen Farbmarkierungen des Wanderpfads ist nicht überall Verlass; orientieren Sie sich im Zweifel an den Antennenmasten. Die herrlichen Wegpassagen durch Kiefernforst entschädigen für den Verlust eines jeden Schweißtropfens. Mit steigender Höhe wird die Aussicht grandioser und steigert sich bis zum Gipfelplateau mit freier Sicht auf Ost- und Westküste.

Alternativen zum steilen Aufstieg: eine Wanderung von der Westseite her bzw. die Auffahrt mit dem Mountainbike oder einem Geländefahrzeug. Wanderer, Radler und Motorisierte wählen dieselbe Route: den 5 km langen *Camí de Sa Talaia*, Anfahrt ab Sant Josep Richtung Sant Antoni, etwa 700 m nach dem Ortskern links den Schildern »Sa Talaia« bis zum Abzweig folgen.

Luxus hinter Bruchsteinmauern

Agroturisme – Tourismus auf dem Land

Neues Leben in alten Bauerngehöften – anstelle von Schafen oder Ziegen machen sich heute gut betuchte Zweibeiner breit, statt Landluft riecht es nach purem Luxus. Im Zuge des boomenden *agroturisme* sind komplette Anwesen wie *Can Lluc* in Sant Rafel und *Can Pujolet* bei Santa Agnès mit viel Geschmack bis ins letzte Detail restauriert worden und genügen höchsten Ansprüchen. Umrahmt von Balken und Bruchsteinmauern, genießen die Gäste Charme und Komfort inmitten der Natur.

Buntes Treiben und idyllische Winkel

Kontraste über Kontraste: Sandstrände, Klippen, abgeschiedene Dörfer und die lebhaften Ausgehzonen in Sant Antoni de Portmany

In Ibizas Westen wechselt die Insel mehrfach ihr Gesicht: von Spaß und Trubel in der Hafenstadt Sant Antoni de Portmany bis zur ländlichen Ruhe um Sant Mateu d'Albarca. Mandel- und Weinfelder, weidende Schafe und kalkweiße Dorfkirchen bestimmen das Bild im Hinterland. Von ganz unterschiedlichen Seiten zeigen sich auch die zergliederten Küstenstriche, die sich vom Sandstrand der Cala Bassa bis zu den spektakulären Klippen um die Cala d'Albarca spannen. Entdeckungen wert sind Landhotels und Bodegas, die zu Weinproben laden. Und im Kneipenviertel von Sant Antoni braucht ohnehin niemand die Dürre zu fürchten ...

Sant Antoni de Portmany

[120 C2–3] Hafenstadt und Spaßzentrum des weiten Westens, geografischer Gegenpol und gesunde Konkurrenz zur Ausgehmetropole Eivissa: Dies und mehr ist Sant Antoni de Portmany (10 000 Ew.), gelegen an einer weiten, nicht immer lupenrein wirkenden Bucht. Die uniformen Betonblocks des einstigen Fischerdorfs drängen bis an den malerischen Hafen heran. In und um Sant Antoni bieten zahllose Hotels, Gasthäuser und Appartementanlagen Unterkunft und lassen die Einwohnerzahl im Sommer um ein Vielfaches ansteigen. Hauptpromenade ist der palmenbesetzte *Passeig de ses Fonts*, der am Rathaus vorbei auf die Kreisverkehr-Skulptur »Ei des Kolumbus« zuläuft. In der Saison werden samstags oder sonntags *(Termine im Touristenbüro erfragen)* auf der Promenade Trachtentänze dargeboten, während des Antonius-Patronatsfests (um den 17. Jan.) strömen die Massen im Festzelt zusammen.

Insider Tipp

Wehrkirche im klassischen Weiß: Església de Sant Antoni

Olivenbaum im Hinterland

In der Saison ist es auf der Hafenpromenade von Sant Antoni selten so leer

SEHENSWERTES

Aquarium Cap Blanc
Meeresgrotte, im Volksmund »Langustenhöhle«. Einst nutzte man den Höhlensee als Aufbewahrungsbassin für Meeresgetier, das zum Verzehr bestimmt war. Heute präsentiert das kleine und dafür recht teure Aquarium ein paar bunte Fische. In der Terrassenbar können Sie sich erfrischen, allein der Ausblick auf den Buchteingang von Sant Antoni und die umliegende Felsenküste lohnt den Abstecher. *Ostern–Okt. tgl. 10–19, in der Hochsaison mitunter bis 20.30 Uhr, Cala Gració, nordwestlich der Stadt*

Capella subterrània/ Cova de Santa Agnès
Unterirdische Kapelle, erst 1907 wiederentdeckt und nach der hl. Agnes benannt. Historiker glauben, dass sich in den Tiefen bereits in vorchristlichen Zeiten ein kultisches Zentrum befand. *Di–Sa 10–13 Uhr, 1,5 km nordöstlich von Sant Antoni, an der Straße nach Santa Agnès de Corona, Rechtsabzweig*

Església de Sant Antoni
Burgartiger Kirchbau mit schneeweißer Fassade und historischen Wurzeln im 14. Jh.; ausgebessert wurde bis Ende des 18. Jhs. Am Kirchenvorplatz, nahe der Ecke Carrer Ample, geht es durch weiße Bogenvorbauten ins weit aufgerissene Innere hinein.

Punta des Molí
Südostteil der Bucht von Sant Antoni, an den die ansprechend aufgemachte Küstenpromenade anschließt. Wahrzeichen ist die zu Beginn des 19. Jhs. errichtete *Windmühle von Sa Punta*, auf deren Gelände auch ein altes Schöpfrad steht *(Zugangszeiten abhängig von der jeweiligen Ausstellung, meist Di–So 17–20 Uhr)*. Kinder finden an der Promenade einen Spielpatz, auf der Freiluftbühne werden in der Saison Shows gezeigt.

ESSEN & TRINKEN

Germa
Typisches Restaurant der Einheimischen, etwas abseits vom Zentrum.

Hier bekommen Sie ein äußerst günstiges Mittagsmenü, gute Portionen, Tischwein inklusive. Äußerst beliebt ist die Paella am Sonntag. *C/. Ramón y Cajal, 42, Tel. 971 34 02 70, €*

Insider Tipp

Es Rebost de Can Prats
Rustikale Gemütlichkeit. Zu den Spezialitäten zählen *sofrit pagès* und Kabeljau mit Allioli. Angenehmer Service. *Di geschl., C/. de Cervantes/Ecke C/. Ample, Tel. 971 34 62 52, €€*

Rias Baixas
Fischrestaurant erster Güte, das sich an die kulinarischen Traditionen Galiciens anlehnt und sein Meeresgetier sogar von dort bezieht. *Jan./Feb. und Mo geschl., im Sommer tgl., C/. Cervantes, 14–16, Tel. 971 34 04 80, €€€*

Rincón de Pepe
»Pepes Eck« ist ein äußerst beliebter Tapastreff. *Anfang April–Ende Okt. tgl., C/. San Mateo, 6, Tel. 971 34 06 97, €*

EINKAUFEN

Fontana
Breite Auswahl an modischen Schuhen und Lederstiefeln. Allerdings bewahrheitet sich hier einmal mehr, dass die Vorstellungen von preiswerten spanischen Schuhen der Vergangenheit angehören! *C/. General Balanzat*

Mercadillos
Kunsthandwerkliches und ein buntes Allerlei wird an der Hafenpromenade feilgeboten. *In der Saison tgl., nachmittags bis in den späten Abend hinein (im Sommer bis 23 Uhr)*

Mercat des Clot Marès
Markthalle mit Angebot an Fisch und Fleisch, Obst, Käse, Gemüse etc. Die Cafeteria lädt zu einer Rast ein. *C/. del Progrés*

MARCO POLO Highlights »Der Westen«

★ **Cala Bassa**
Populäre Sandbucht, begrenzt von schützenden Felsmassiven (Seite 58)

★ **Cala d'Albarca**
Auf steinigem Weg zu einer spektakulären Felsküstenlandschaft (Seite 58)

★ **Santa Agnès de Corona**
Dorfcharakter mit kalkweißer Kirche und der Terrassenbar C'an Cosmi (Seite 59)

★ **Privilege**
Megadisko für über 10 000 Tanzfreudige; hier gibt's gigantische Partys (Seite 61)

★ **Sant Mateu d'Albarca**
Reben, Mandeln und Schafe: Hier geht das Leben noch einen ruhigen Gang (Seite 60)

★ **Westend**
Fun, Fun, Fun im legendären Kneipenviertel von Sant Antoni de Portmany (Seite 57)

ÜBERNACHTEN

Apartamentos San Francisco
Gut ausgestattete Apartments mit Küche und Bad. Oftmals junges Publikum. Alle wichtigen Spots sind gut zu Fuß erreichbar. *C/. Barcelona, s/n, Tel. 971 34 36 87, Fax 971 34 66 13, www.apartamentos-sanfrancisco.com,* €–€€

Florencio
Zimmer mit Bad, auch Dreierzimmer. Pool, Solarium, Bar. Wegen der erschwinglichen Preise viel junges Publikum (Halb- oder Vollpension); günstige Tarife außerhalb Juli/Aug. *Nov.–Ostern geschl., 104 Zi., C/. Soletat, 38, Tel. 971 34 07 23, Fax 971 34 66 13, www.hostalflorencio.com,* €

Norte
Solides Zwei-Sterne-Hostal, das seine Pforten von Mai bis Oktober öffnet. Strand und City in erreichbarer Nähe, Pool. *56 Zi., C/. Barcelona, 7, Tel./Fax 971 34 01 27, www.hostalnorte.com,* €–€€

Pike's
Moderner Klassiker unter Ibizas Hotels, das schon Julio Iglesias und Grace Jones beherbergte. George Michael nahm einst ein Musikvideo am Pool auf, Freddie Mercury mietete das Haus für ein Geburtstagsfest. Origineller Stil in einer abgelegenen Finca, jedes Zimmer ein Unikat. *20 Zi., Camí de Sa Vorera, Tel. 971 34 22 22, Fax 971 34 23 12, www.pikeshotel.com,* €€€

La Torre
Genau das Richtige für alle, die ein etwas abseits gelegenes Quartier suchen. Saubere Zimmer mit Bad, freundliche Dekoration. *18 Zi., Urbanización Cap Negret 25, Tel. 971 34 22 71, Fax 971 34 47 05, www.hostallatorre.com,* €–€€

FREIZEIT & SPORT

Im Hafen werden in der Sommersaison Touren in Glasbodenbooten angeboten, weitere Schiffstrips führen an der Küste entlang bis zur Cala Bassa und der Cala Tarida. Am Abend macht man sich auf zum *Sunset Cruise*. Eine weitere gute Ausflugsoption: Formentera, morgens hin, abends zurück.

Nahe dem »Ei des Kolumbus« geht der *Mini Tren Turístico* auf Tour (siehe »Mit Kindern reisen«). Im Sommer startet ein weiteres Bähnchen in Sant Antoni, das als »Weinzug« Besucher zur *Bodega Sa Cova* bei Sant Mateu d'Albarca bringt *(2 Std., Ticket 11 Euro).*

Nahe Sant Antoni gibt es *Karting San Antonio (Ctra. Eivissa–Sant Antoni de Portmany, km 14, Tel. 971 34 48 53),* der bei Redaktionsschluss allerdings im Umbau war.

STRÄNDE

Westlich bzw. südwestlich von Sant Antoni schließt sich ein recht zugebauter Küstenstreifen mit kleinen und wenig berauschenden Strandabschnitten wie *Port des Torrent* an. Lohnenswerter ist deshalb die Fahrt zur *Cala Bassa* (siehe »Ziele in der Umgebung«). Im nordwestlichen Stadtgebiet Sant Antonis erreichen Sie den Strand *Cala des Moró*, ein winziges Sandstrandareal für Minimalisten. Etwas größer ist die *Cala Gració* mit einem akzeptablen Sandstrand, attraktiver wiederum die kleinere *Cala Gracioneta;* Insider Tipp dort finden Sie eine geschützte kleine Bucht mit Sand und Felsen. Zur *Cala Salada* führt ein ausgeschilderter Abzweig an der Straße Richtung Santa Agnès de Corona. Dort erwartet Sie eine freundliche Bucht mit relativ schmalem Sandstrandstreifen. Während der Hochsaison dürfen Sie hier jedoch nicht auf Idylle hoffen – mitunter fehlt sogar der Platz, um das Handtuch auszubreiten. Über das nahe Hinterland legen sich Kiefern und versteckte Villen.

AM ABEND

Nach den Sonnenuntergangspartys ballen sich die Epizentren des bebenden Nachtlebens im überschaubaren Raum des ★ *Westend* um den Carrer de Santa Agnès, den Carrer de Bartomeu Vicent Ramon und den Carrer de la Mar. Promillegestärktes Amüsement bis zum Morgengrauen! Überall strömen more or less trinkfeste Engländer zusammen, die im Sommer ihre biergeschwängerten Frühlingsgefühle ausleben. Auch die Jugend anderer Länder schwärmt aus, macht die grell-turbulente Nacht zum Tag und vergnügt sich – ohne die Megapreise in den Megadiskos rund um Eivissa bezahlen zu müssen. Das Westend Sant Antonis reklamiert gleich zwei Superlative für sich, halb Wahrheit, halb moderne Legende: den höchsten Lärmpegel und Ibizas größte Kneipendichte pro Quadratkilometer. Die Dezibel ebben am Passeig de ses Fonts, am Passeig de la Mar und am Passeig Marítim etwas ab. Auch hier finden Sie gute Treffs. Bedenken Sie, dass die wichtigsten Diskos und In-Adressen nur von etwa April/Mai bis Oktober geöffnet sind.

Café del Mar

Traditionsadresse zur Sonnenuntergangszeit, Party mit Blick auf die im Meer versinkende Kugel – für die eingeschworene Fan- und Fungemeinde ein Muss und den Preis wert! DJs sorgen für Stimmung, eigene CDs, Pre-Partys. *C/. de Lepant/nahe C/. de Vara de Rey*

Edén

Disko mit Schwerpunkt auf House und Techno, DJs, Schaumpartys. *C/. Salvador Espríu*

Es Paradis Terrenal

Disko mit Pyramidendach, bekannt wegen ihrer Wasserpartys. *Passatge de Can Manyà*

Rita's Cantina

Hier stärken Sie sich mit einem Imbiss, ob Crêpe oder Sandwich. Nahe Sporthafen. *Passeig de la Mar*

Ship Inn

British Bar, Guinness- und Billardtreff. *Pl. de s'Era d'en Manyà*

The Island Café

Gut für einen Drink oder einen Kaffee mit Rum. Gegenüber vom Sporthafen. *Passeig de la Mar*

AUSKUNFT

Oficina d'Informació turística

Passeig de ses Fonts, Tel./Fax 971 34 33 63, www.santantoni.net

ZIELE IN DER UMGEBUNG

Bodega Can Rich **[121 D2]**

Die Rebgärten geben einen Vorgeschmack auf das größte Weingut der Insel: die erst Ende der 1990er-Jahre ins Leben gerufene *Bodega*

Can Rich. Heute beläuft sich die Jahresproduktion auf 70 000 Flaschen, der Anbau ist strikt ökologisch, Anfang August steht die Weinlese an. Im Hauptbau führt eine Treppe hinab in die »Kathedrale des roten Goldes«, wo die Rotweine in Fässern aus französischer Eiche reifen. Auch die Weißen sind von vorzüglicher Qualität! Die Bodega liegt wenige Kilometer östlich von Sant Antoni de Portmany auf dem Weg nach Buscastell; es gibt keine festen Öffnungszeiten für Direktverkauf oder Besichtigung, Termine nach Absprache. *Camí de sa Vorera, Tel./Fax 971 80 33 77 oder Handy 699 90 15 47, www.bodegascanrich.com*

Cala d'Albarca **[118 A2]**

★ Haben Sie Lust auf spektakuläre Aussichten? Wer ein raues Küstenpanorama genießen will, fährt nach Sant Mateu d'Albarca und folgt im Ortskern den Schildern nach *Cala d'Albarca.* Hier geht es zunächst 1,8 km auf einem Landsträßchen nordwärts, dann Rechtsabzweig auf eine Piste und weitere 1,2 km bis zu einem winzigen Waldparkplatz. Der Pfad bergab ist für Fahrzeuge nicht mehr passierbar und reizt zu einer schönen Wanderung, (Insider Tipp) die Sie nach etwa 30 Minuten zwischen Kiefern hindurch an die Cala d'Albarca hinabführt. Immer wieder erhaschen Sie Blicke auf die Steilküste; die Bucht liegt wie ein riesiges Amphitheater da. Der Weg ist durchgehend staubig und steinig, gegen Ende knickt er vor einem Zwischenplateau links ab und führt dann extrem steil ans Felsenufer hinab. Bringen Sie einen Tagesrucksack mit Wasser und ein kleines Picknick mit. *17 km nordöstlich von Sant Antoni*

Cala Bassa **[120 B3]**

★ Topbucht mit entsprechend hohem Beliebtheitsgrad unter Familien und Jugendlichen, zumal sich in der Nähe der *Campingplatz Cala*

Küstenpanorama vor den Platjes de Comte bei der Torre d'en Rovira

Seit Jahren der Treffpunkt von Santa Agnès: die Bar C'an Cosmi

Bassa befindet *(Mai–Sept., 400 Plätze, Tel. 971 34 45 99, , Fax 971 34 74 69, www.campingsonline.com/calabassa mit Kontaktformular)*. Das geschwungene Sandareal wird von Felsmassiven geschützt, der Blick schweift weit übers Meer. Ein wenig versetzt hinter dem Strand finden Sie unter Kiefern sogar Schatten – keine Selbstverständlichkeit an den Inselstränden! Drinks gibt's in den Strandbars oder im nahen Restaurant *Es Barruguet*, wo freitags arabische Nächte steigen *(Tel. 971 80 58 47, €–€€)*. *8 km südwestlich von Sant Antoni*

Platjes de Comte **[120 A3]**

Rau, aber herzlich zeigt sich die zerklüftete Küste zwischen den Landspitzen *S'Embarcador* und *Sa Torre*. Kleine, sandige Strandflächen laden zum Bad ein; an stürmischen Tagen beschränkt man sich besser auf die traumhafte Aussicht – die schroffen Inseln *Es Bosc* und *Sa Conillera* liegen zum Greifen nah. Auf dem Festland, an der Punta de sa Torre, ragt mit der *Torre d'en Rovira* (auch *Torre de Comte*, 18. Jh.) ein markanter historischer Wachturm auf. *14 km westlich von Sant Antoni*

Santa Agnès de Corona **[121 D4]**

★ Eingefasst von Mandelbaumweiten, treibt Santa Agnès de Corona (300 Ew.) auf seiner landwirtschaftlich bestimmten Scholle durch die Zeiten. Der Dorfkern erstreckt sich über einige wenige Straßen, Kirche und Bar liegen dicht an dicht. Ein himmlischer Frieden, der während der Hauptreisezeit mehrfach sowie jedes Jahr am 21. Januar zu Ehren der lokalen Schutzpatronin Agnes aufbricht. Auf Pferdekarren fährt die Tanzgruppe auf dem Kirchplatz vor, Musiker ziehen unter klappernden Kastagnetten ins Gotteshaus ein, der Prozessionszug trägt Standbilder durch den Ort.

Insider Tipp

C'an Cosmi, die Terrassenbar gegenüber der Kirche, ist ein moderner Klassiker *(Di geschl., Tel. 971 80 50 20, €)*. Hier bekommen Sie einfache Hausmannskost, Kinder- und Tellergerichte. Der Renner ist das Spezialomelett nach Art des Hauses; anständige Portionen, gutes Preis-Leistungs-Verhältnis. Als erstklassige Unterkunft bietet sich das nahe Insider Tipp Landhotel *Can Pujolet* an, ein echtes Paradies für Naturfans und Ruhe Suchende, eingefasst in ein riesiges privates Fincagelände. Von hier führen Wanderpfade ins Gebirge um den Gipfel *Es Camp Vell*, ebenso gut lässt es sich im Sommer am Pool faulenzen. Geschmackvoll ausstaffierte Zimmer und Suiten, Klimaanlage bzw. Heizung gehören zum Standard *(10 Zi., Anfahrt auf der Straße Santa Agnès–Sant Mateu, ausgeschilderter Linksabzweig, Piste bis zum Ende, Tel. 971 80 51 70, Fax 971 80 50 38, www.ibizarural.com, €€–€€€)*. *9 km nordöstlich von Sant Antoni*

Sant Mateu d'Albarca **[121 D1]**

★ Mandeln und Wein: ein fruchtbares Fleckchen Erde abseits des touristischen Mainstreams. Im Talbecken von Sant Mateu d'Albarca (300 Ew.), das geologischen Studien zufolge einst mit einem See gefüllt war, ist das ländliche Ibiza noch lebendig. Heute ist der weit ausgreifende Kessel mit verstreuten Anwesen besprenkelt, das Hauptörtchen vereint alles auf engstem Raum: den Sportplatz, den Friedhof, die Bar *Es Camp Vell (€)* und die weiße Kirche aus dem 18. Jh.

Versteckt am Rande des Beckens von Sant Mateu d'Albarca gelegen, pflegt das Weingut *Sa Cova* seine junge Anbautradition und profitiert von den tonhaltigen Böden der Gegend. Hier tankt man sich zu einem Familienbetrieb vor, der es auf eine Produktion von 20 000 Flaschen pro Jahr bringt und hinter den schlichten Fassaden Erstaunliches verbirgt: riesige Edelstahlbehälter für die Gärung, die Eichenfasslager, den rustikalen Weinprobesaal, das kleine Laboratorium. Die Erzeugnisse sind strengen Qualitätskontrollen unterworfen, die körperreichen Roten ein Gedicht! Insider Tipp Nach Absprache empfangen Besitzer Juan Bonet Riera und seine Frau gerne Gäste zu Besichtigungen und bieten günstigen Direktverkauf an. Die Bodega liegt etwa 2 km nordwestlich von Sant Mateu d'Albarca *(Straße Richtung Santa Agnès und dann nach Cala d'Albarca, Tel./Fax 971 18 70 46)*. *Can Maymó*, eine weitere Bodega bei Sant Mateu d'Albarca, empfängt ebenfalls Besucher *(Tel./Fax 971 80 51 00)*. *14 km nordöstlich von Sant Antoni*

SANT RAFEL

[121 E3] Klein und unscheinbar breitet sich Sant Rafel an der Schnellstraße C–731 von Eivissa nach Sant Antoni de Portmany aus. Ein kurzer Abzweig führt ins Herz des Ortes (400 Ew.), wo mehrere Bars und Restaurants zur Auswahl stehen. Als bedeutendstes Bauwerk sticht die Ende des 18. Jhs. errichtete Kirche hervor. Wichtiger noch sind die Keramikwerkstätten, in denen die Meister punische Vorbilder aufgreifen oder ihre eigenen Kreationen entwickeln. Krasser Gegensatz: am Ortsrand das gigantische *Privilege*, der pure Diskowahnsinn!

ESSEN & TRINKEN

Asador Ca'n Pilot
Grillspezialitäten. Für das Megakotelett *(chuletón)* bezahlt man nach Gewicht. *Mi geschl., Cruce Santa Agnès de Corona, Tel. 971 19 82 93,* €–€€

EINKAUFEN

Die lokalen Töpferwerkstätten haben ein breites Angebot an Gefäßen und Objekten: z. B. *Cerámicas Icardi* und *Cerámicas Kan Kinoto.*

ÜBERNACHTEN

Can Jaume Curt
Rustikales Ferienhaus (für 4 Personen) bei Sant Rafel, ideal für Familien oder Langzeiturlauber. Mindestaufenthalt 5 Tage. *Buchungen über Can Lluc (siehe unten),* €€€

Insider Tipp **Can Lluc**
Traumhaftes Landhotel, Baustruktur einer alten Finca. Das Naturgelände umfasst Oliven- und Johannisbrotbäume und einen Spazierweg. Jedes Zimmer ist individuell gestaltet, im Hauptbau Salon und Leseecke. Gepflegte Gartenanlagen mit herrlichem Pool und Außen-Whirlpool, Frühstück im Preis inklusive. *12 Zi., Anfahrt auf der Straße Sant Rafel–Santa Agnès, nach 2 km Rechtsabzweig, Erdweg bis zum Ende, Tel. 971 19 86 73, Fax 971 19 85 47, www.canlluc.com,* €€€

AM ABEND

Amnesia
Sommerdisko mit berühmt-berüchtigten Schaumpartys, heiße Sound- und Lichteffekte, angesagt

Handarbeit in der Töpferwerkstatt

ist vor allem House. Auch Rock und Pop und DJs, die alles geben. *Ctra. Eivissa–Sant Antoni, km 6*

Privilege
★ Spektakuläre Megadisko mit internationalem Ruf, bekannten DJs und Platz für über 10 000 Leute. Hier strömen die Partymassen auf verschiedenen Tanzflächen zusammen, treffen sich im Palmengarten oder im Pool. Supermodels, Musik- und Filmstars sind keine Seltenheit – hier haben sich schon Robert de Niro, Madonna und Gloria Gaynor vergnügt. Fun bis zum Abwinken morgens um acht. House gibt den Ton an, doch es gibt auch Techno und Hip-Hop. Samstags steigt die Party »Balearic People«, montags die gigantische »Manumission«-Party. Je nach Event hoher Eintritt (bis 60 Euro). *Okt.–Anfang Juni geschl., Ctra. Eivissa–Sant Antoni, km 7*

Zerklüftete Küsten mit Badezusatz

Hier strömen Strandfans und Höhlenentdecker zusammen, im Inland herrscht wohlige Abgeschiedenheit

Versteckte Strände zwischen Felsen, Wanderwege durch Kiefernforst, Landstriche voller Mandel- und Orangenbäume – im Inselnorden weht ein anderer Wind ohne großen Trubel. Die Besiedlung ist dünn, die Gegend um Sant Joan de Labritja wirkt regelrecht verschlafen, Ausblicke auf die Felsenküsten erkämpft man sich mancherorts nur zu Fuß. Von gänzlich unberührten Gegenden lässt sich allerdings nicht reden, wie der Blick auf die frequentierten Strände von Portinatx und Port de Sant Miquel zeigt.

PORT DE SANT MIQUEL

[118 C2] Munterer Ferienort (500 Ew.), der Wasser- und Sportfreaks an die fjordgleiche Bucht und den ansehnlichen Sandstrand zieht. Die Bausünden der Vergangenheit klaffen jedoch wie eine offene Wunde, die Hotelblocks fügen sich alles andere als harmonisch ins Bild. An den Strand schließt sich eine winzige Palmenpromenade mit Bänkchen an, im Wasser ist die Zone für Schwimmer klar abgegrenzt.

Kleine Felseninseln vor Port de Sant Miquel

Ländliches Ibiza im Norden

ESSEN & TRINKEN

Port Balanzat
Großes Restaurant in Strandnähe, dessen Beliebtheit häufig für voll besetzte Tische sorgt. Gut: Fisch und anderes Meeresgetier. Auf der Terrasse isst das Auge dopppelt mit: Hier genießen Sie auch den Blick aufs Meer. Insider Tipp *Dez.–Feb. geschl., sonst tgl., Tel. 971 33 45 27, €€– €€€*

ÜBERNACHTEN

Hacienda Na Xamena
★ Wollen Sie sich den Traum von Luxus erfüllen, und haben Sie das nötige Kleingeld dazu? Hier betten

Unterirdische Phantasiewelten in der Cova de Can Marçà

Sie sich unter fünf Sternen, genießen die ländliche Abgeschiedenheit, das Bad im großen Pool und die erstklassige Küche in mehreren Restaurants. *Nov.–März geschl., ausgeschilderter Abzweig an der Straße nach Sant Miquel, 60 Zi., Tel. 971 33 45 00, Fax 971 33 45 14, www.hotelhacienda-ibiza.com, €€€*

San Miguel Park – Esmeralda Mar
Ferienanlage mit Studios und Apartments, vor allem bei Familien beliebt, nur wenige Hundert Meter vom Strand. *Nov.–April geschl., Tel. 971 33 46 02, Fax 971 33 46 15, www.ibiza-hotels.com/sanmiguelpark, €–€€*

ZIELE IN DER UMGEBUNG

Cala de Benirràs **[118 C1–2]**
Der Weg ist das Ziel. Kieselstrand und Bootsschuppen an der kleinen Bucht sind weniger interessant als der Weg dorthin: eine kleine Gebirgsroute mit Kiefernwäldern und Küstenblicken. Nacktbaden ist in der Cala de Benirràs ausdrücklich verboten. *Ca. 4 km nordöstlich von Port de Sant Miquel*

Insider Tipp

Cova de Can Marçà **[118 C2]**
★ Tropfsteinhöhle mit interessanten Galerien und einer geologischen Geschichte, die rund 100 000 Jahre zurückreicht. Aus jüngerer Zeit, bis etwa 1970, sind Episoden von Schmugglern überliefert, die in der Grotte ihre Tabak- und Schnapslager unterhielten. Noch heute sieht man rätselhafte Zeichen an den Steinwänden, mit denen sie sich den Weg zum Notausgang markiert hatten. Ton- und Lichteffekte sorgen beim geführten Rundgang für kleine Showtime. Auf der Terrasse der Höhlenbar können Sie sich mit einem Drink erfrischen und die herrliche Aussicht auf die Felsenküste genießen. *Im Sommer*

Insider Tipp

Führungen (40 Min.) tgl. 10.30 bis 19.30, sonst 10.30 Uhr bis Sonnenuntergang, im Winter bis 17.30 Uhr, Eintritt 7 Euro, Tel. 971 33 47 76. 5 km nordöstlich von Port de Sant Miquel (beschilderte Anfahrt)

Santa Gertrudis de Fruitera [118 C2]

Zitronen-, Orangen- und Johannisbrotbäume legen sich weitläufig um das Örtchen (600 Ew.), das unter dem Schutz der hl. Gertrud steht und alljährlich Mitte November sein Patronatsfest begeht. Vor Jahren wurde Santa Gertrudis de Fruitera noch als Geheimtipp unter Inselkennern gehandelt, heute schwimmt man im Strom des Tourismus mit. Vor oder nach Besichtigung der Dorfkirche (18. Jh.) geht's ab in einladende Kneipen wie die *Bar Costa (€)*. Gut gewürzte Abwechslung ins Speiseleben bringt das Restaurant *Cilantro* mit kulinarischen Trips durch die Töpfe Asiens *(tgl., nahe der Kirche, Tel. 971 31 45 54, €€)*. Einen kulinarischen Abstecher lohnt das Restaurant *Can Bernat (Aug. So, im Winter Mo geschl., Ctra. Sant Rafel–Santa Gertrudis s/n, Tel. 971 19 70 14, €€€)*.

Cas Gasí heißt ein abgelegenes, 40 000 m^2 großes Areal westlich von Santa Gertrudis an der alten Straße nach Sant Mateu. In diesem deutsch geführten Landhotel genießen Sie Ruhe und Natur in rustikaler Atmosphäre. Die Preise entsprechen dem luxuriösen Standard *(10 Zi., Camí Vell a Sant Mateu, Tel. 971 19 77 00, Fax 971 19 78 99, www.casgasi.com, €€€)*. An der Straße nach Sant Llorenç de Balàfia liegt der ausgeschilderte Abzweig zur *Escuela de Equitación Can Mayans*, einem Eldorado für Reitfans. Die ganzjährig geöffnete Schule bietet Einzel- und Gruppenstunden sowie Ausritte an *(Tel. 971 18 73 88)*. *11 km südlich von Port de Sant Miquel, einfache Anfahrt über Sant Miquel de Balansat auf der Landstraße PM-804*

Sant Miquel de Balansat [118 C2]

Allbeherrschend thront die wehrhafte Kirche (14.–16. Jh.) auf dem

MARCO POLO Highlights »Der Norden«

★ **Torre d'es Molar**
Rau und gewaltig – rund um das Höhenplateau des alten Wachturms fliegen die Blicke über die Klippen (Seite 66)

★ **Hacienda Na Xamena**
Unterkunft und Gaumenfreuden: Luxus auf Ibizenkisch (Seite 63)

★ **Cova de Can Marçà**
Tropfsteinhöhle: Geschichten von Schmugglern und faszinierende Formationen (Seite 64)

★ **Volkstänze**
Ortstermin in Sant Miquel de Balansat: Bühne frei für Folkloregruppen (Seite 66)

Bemalte Gewölbe in der Kirche von Sant Miquel

Ortshügel *Puig de Missa* und lockt Besucher durch zwei dreibögige Zugänge an. Im Innern wirkt das Gotteshaus fast grottenartig, Teile der Gewölbe sind mit Fresken bemalt. Nicht nur beim Patronatsfest Ende September geht es hoch her. Von Mai bis Oktober werden ★ *Volkstänze* geboten: Immer donnerstags um 18.15 Uhr geben sich Folkloregruppen ein Stelldichein. In typische Trachten gekleidet, ziehen sie auf dem Kirchenvorplatz mit ibizenkischen Tänzen (dem so genannten *baile payés*) und Musik zahlreiche Besucher an – eine ideale Gelegenheit, sich ein Bild von der lebendigen Traditionspflege zu machen. *4 km südlich von Port de Sant Miquel*

Torre d'es Molar **[118 C2]**

★ Am Strand von Port de Sant Miquel beginnt ein ausgeschilderter Wanderpfad, auf dem Sie je nach Fitnessgrad etwa 25–30 Minuten bis zur *Torre d'es Molar* brauchen. Manche Abschnitte sind steinig und steil und führen durch schattigen Kiefernforst, nicht überall ist der Weg deutlich mit Farbmarkierungen ausgewiesen. Das Panorama um den alten Molar-Wachturm entschädigt für alle Mühen. Hier zeigen sich die Abstürze der nördlichen Felsenküste von spektakulären Seiten, auch den Strand von Port de Sant Miquel haben Sie in der Ferne im Blick.

Insider Tipp

PORTINATX

[119 D1] Kleine Ferienhochburg des Nordens (800 Ew.), deren Namen man »Portinatsch« ausspricht. Allsommerlich strömen Wasserratten und Sonnenanbeter heran und aalen sich an mehreren Strandbereichen. Tonangebend sind Engländer. Abseits des Strandes trifft man sich an der von Bars und Restaurants gesäumten Promenade oder auf dem während der Saison jeden Sonntag ab 18 Uhr stattfindenden *Hippiemarkt.*

ESSEN & TRINKEN

Es Puet Blanc
Fisch-, Fleisch- und Nudelgerichte, außerdem Paella mit Meeresfrüchten. Recht umfangreiche Weinkarte. Pluspunkt ist die zentrale Lage. Nach dem Essen können Sie gleich an den Strand kugeln oder einen Verdauungsspaziergang über die vorliegende Promenade einschieben. *Mai–Okt. tgl., Tel. 971 32 06 06,* €–€€

ÜBERNACHTEN

Fiesta Club Vista Bahía
Typisches Sommerhotel mit Pools, Entertainment und vielen Sportmöglichkeiten. *Im Winter geschl., 242 Zi., Cala Portinatx, Tel. 971 32 06 23, Fax 971 32 06 22, www.fiestahotelgroup.com,* €€–€€€

Hostal Cas Mallorquí
Saubere, freundliche Zimmer mit Bad und Balkon. Dem Quartier ist ein populäres Restaurant angeschlossen. *Nov.–März geschl., 9 Zi., Cala Portinatx, Tel. 971 32 05 05, www.casmallorqui.com,* €–€€

STRÄNDE

Südwestlich von Portinatx führen Abstecher von der Hauptstraße an weitere Strände und Buchten: zur *Cala des Xuclà* (klein, kieselig), *S'Illot des Renclí* (winzig, steile Zufahrt) und zur *Cala Xarraca* (sandig, felsig).

ZIELE IN DER UMGEBUNG

Far des Moscarter [119 D1]
Leuchtturm mit schwarzweißer Farbringelung, 20–25 Gehminuten nordöstlich von Portinatx und von dort bereits zu sehen. Wanderfreunde aufgepasst: Der Weg lohnt wegen des herrlichen Küstenpanoramas und der mediterranen Vegetation, ist aber nicht richtig beschildert! Man schlägt einen Bogen durchs Inland, in dem sich ein Netz an Pfaden verästelt und Liebespärchen ideale Schlupfwinkel finden.

Insider Tipp

Sant Joan de Labritja [119 D2]
Je nach Saison zeigt der Ort (4000 Ew.) sein lebendiges oder sein verschlafenes Gesicht. In behördlichen Fällen suchen die Bewohner der Gegend das Rathaus auf, das vis-à-vis der markanten *Kirche* (18. Jh.) mit spitzem Turmaufsatz liegt. Die Durchgangsstraße zieht sich steil aufwärts, vor den Häusern stehen Töpfe mit Pflanzen, in den Gärten gedeihen Weihnachtssterne und Orangen. Für die Polizisten der Guardia-Civil-Station besteht kaum Herzinfarktgefahr. Legen Sie ebenfalls eine Pause ein, z. B. im *Café Vista Alegre* an der Plaça d'Espanya. Nehmen Sie Platz auf der Terrasse, ordern Sie *tapas* oder belegte Brote; als Mittagessen empfiehlt sich das preisgünstige Menü *(im Sommer tgl., sonst So geschl., Tel. 971 33 30 08,* €*).*

Sant Llorenç de Balàfia [118 C3]
Unscheinbares Örtchen, das sich um die Kirche legt und durch die nahe historische Siedlung *Balàfia* ergänzt wird. Diese trägt ihren wehrhaften Charakter seit maurischen Zeiten. *15 km südlich von Portinatx*

Beachlife und Hafentrubel

Mit reizvollen Buchten, Promenaden und der Ferienregion um Santa Eulària und Es Canar trifft Ibizas Ostteil (fast) jeden Geschmack

Felsenfinger ragen aus dem Wasser, der Wind streicht durch Kiefernhaine und Feigenbäume, über manchen Stränden hängt ein Hauch von Wildromantik. Hier werden Urlaubsträume wahr, hier erwartet Sie Meer und mehr: ob die Hippiemärkte bei Es Canar und Sant Carles oder die ausgeuferte Küstenstadt Santa Eulària d'es Riu mit ihrem Kirchhügel, den schattigen Ramblas und dem schönen Sporthafen.

ES CANAR

[119 E4] Zentrum (1000 Ew.) einer populären Urlaubsregion, die südwestwärts mit Santa Eulària d'es Riu verschmilzt. Für traditionelle Zugkraft sorgt mittwochs der Hippiemarkt auf dem Gelände des Clubs *Punta Arabí*. Zwischen Punta Arabí und Es Canar downtown breitet sich eine belebte Bar- und Cafémeile an der Avenida de Punta Arabí aus, die auf den Minihafen und die nett aufgemachte Küstenpromenade zuläuft. Von dort schwenkt der Blick über den sichelförmig geschwungenen Sandstrand Richtung Punta de ses Calderes. Im dicht gebündelten Ortszentrum finden Sie Bars, Restaurants, Autoverleiher und die Diskothek *Kancela*. Dreh- und Angelpunkt ist die *Plaça d'es Canar*, ein gefällig aufbereiteter Palmenplatz mit Springbrunnen und Kinderspielgerät.

Die mittelalterliche Wehrkirche auf dem Puig de Missa ist das weithin sichtbare Wahrzeichen von Santa Eulària d'es Riu

ESSEN & TRINKEN

La Perla
Liegt etwas zurückgesetzt von den Strand- und Hafenbereichen, Speis und Trank am besten auf der kleinen Terrasse, recht günstiges Mittagsmenü. *Im Winter So geschl., Av. d'es Canar, Tel. 971 33 11 67,* €

EINKAUFEN

Hippiemarkt
★ Gilt als Ibizas bekanntester und größter Hippiemarkt *(www.hippymarket.com)*. Musik und Stände bieten von Mai bis Oktober jeden Mittwoch eine Immer-was-los-Garantie, Angebote von Kleidung bis Kunsthandwerk. *Punta Arabí*

Kleiner Plausch auf dem Passeig S'Alamera, den Ramblas von Santa Eulària

ÜBERNACHTEN

Camping Cala Nova
Platz der zweiten Kategorie; strandnah, mit 125 Parzellen. Hier werden auch Bungalows und fest installierte *Mobile homes* vermietet, die für 2–6 Personen ausgestattet sind (€–€€). *Tel./Fax 971 33 17 74, www.campingcalanova.com (mit Online-Reservierungsformular)*

Insider Tipp

Camping Vacaciones Es Canar
Platz der ersten Kategorie, 249 Plätze, Pool und Kinderbecken. *Tel. 971 33 21 17, Fax 971 33 99 72, www.campingsonline.com/vacacionesescanar*

Club Punta Arabí
Ferienclub, der mit seinen Sport- und Showangeboten sowie der Disko als verlässliche Adresse für Highlife bürgt. *Mitte Okt.–April geschl., 72 Zi., Punta Arabí, Tel. 971 33 06 50, Fax 971 33 91 67, www.clubpuntaarabi.com,* €€

Insider Tipp

Ereso
Zwei-Sterne-Hotel mit gutem Preis-Leistungs-Verhältnis. *240 Zi., Playa Es Canar, Nov.–Jan. geschl., Tel. 971 33 00 99, Fax 971 33 02 33, www.invisahoteles.com,* €–€€

SANTA EULÀRIA

[119 D4] Promenaden, Hafen- und Strandbereiche komponieren die Bilder im größten Ballungsgebiet der ibizenkischen Ostflanke; in der Kernstadt leben ca. 9000, in der Großgemeinde 25 000 Menschen. Der Name Santa Eulària erinnert an eine Märtyrerin zu römischen Zeiten, allerdings ist der Zusatz *Riu* (»Fluss«) im Strom der Zeiten untergegangen. Heute liegt der Riu de Santa Eulària ausgetrocknet da, auf der Ausfahrt Richtung Eivissa überqueren Sie die alte Brücke. Geschäftig und verkehrsreich zieht sich der *Carrer de Sant Jaume* durchs Stadtbild und trennt den

Rathausplatz *Plaça d'Espanya* von der Hauptpromenade, dem *Passeig S'Alamera*, an. Ein wenig ins Hinterland versetzt wirft sich der Hausberg *Puig de Missa* mit seiner imposanten Wehrkirche auf, südwärts bleibt der Blick an der Küste entlang an den kleinen Bergen um den *Puig d'en Pep* (240 m) hängen.

SEHENSWERTES

Passeig Marítim

★ Geschmackvolle Küstenpromenade, flankiert von Stadtstränden und Apartmentblocks, Treffpunkt des Sommerlebens. Palmen und Olivenbäume werfen Schatten, Bänkchen und Bars laden zur Rast.

Passeig S'Alamera

Flanierpromenade, auch *Ramblas* (»Allee«) genannt, die sich vom Rathaus hinab ans Meer schiebt und schön mit Palmen und Bänken aufgemacht ist. Im Sommer finden hier regelmäßig Freiluftmärkte statt.

Puig de Missa

★ Auf eine Höhe von 52 m steigt der Kirchhügel Puig de Missa an. Treppen führen an kalkweißen Häusern und Gartenparzellen mit Orangen- und Zitronenbäumchen vorbei, von oben schweift der Panoramablick über die Unterstadt bis zum Meer und rückwärtig ins hügelige Hinterland. Einst siedelten hier die Mauren und beteten zu Allah – bis zur Reconquista 1235, in deren Zuge die Moschee durch eine erste Kirche ersetzt wurde. Der jetzige Bau geht auf das 16.–18. Jh. zurück und trägt den Charakter einer Wehrkirche. Hinter den dicken Mauern fanden die Bewohner bei Piratenattacken Zuflucht, von Steinwällen aus nahm man die Feinde unter Beschuss. Der überdachte Vorhof mit seinen kalkweißen Arkaden zählt zu den schönsten der Insel, im Innern reicht das hoch aufgerissene Barockretabel bis ans Gewölbe heran. Wer sich für spanischen Totenkult interessiert, sollte

MARCO POLO Highlights »Der Osten«

★ **Cala Llenya**
Feinsandiger Strand, angenehm breite Liegeflächen (Seite 74)

★ **Hippiemarkt**
Mittwochs zieht der bunte Trubel die Massen an die Punta Arabí (Seite 69)

★ **Cala Boix**
Felsenküste mit Sandmix – eine traumhafte Szenerie (Seite 75)

★ **Passeig Marítim**
An Santa Eulàrias Küstenpromenade regiert das pralle Leben (Seite 71)

★ **Puig de Missa**
Aufstieg auf den kirchengekrönten Hausberg Santa Eulàrias (Seite 71)

★ **Cala de Sant Vicent**
Makelloser Sandstrand zwischen Felsenflanken (Seite 75)

Insider Tipp den Friedhof nicht auslassen. Man streift an den verglasten Fronten der mehrstöckigen Sargeinschubfächer vorbei, schaut auf Fotos der Verblichenen. Zur Zierde dienen Kunstblumen, Keramiktöpfe und kleine Christus- und Madonnenskulpturen. *Keine festen Zugangszeiten zur Kirche*

Sporthafen
Besuchermagnet der Stadt ist die Meeresfront mit ihrem Sporthafen, in den Motor- und Segelboote jeder Größe einlaufen. Lassen Sie sich von Gerüchen und Geräuschen an den Becken entlangtreiben oder genießen Sie die Stimmung – Restaurants und Bars gibt's reichlich. Im Sommer Bootsverkehr mit Es Canar.

MUSEUM

Museu d'Etnografia
Auf dem Puig de Missa, nicht weit von der Kirche entfernt, wurde im historischen Anwesen *Can Ros* ein Volkskundemuseum eingerichtet. Anhand von sorgsam zusammengetragenen Exponaten macht man sich mit ländlichen Bräuchen und Traditionen vertraut. *Im Sommer Mo–Sa 10–13 und 17–20, sonst Di bis Sa 10–13 und 16–18 Uhr*

ESSEN & TRINKEN

Insider Tipp **Atzaró**
Genießern ist kein Weg zu weit, um in diesem herrlichen Landhotel (ca. 5 km entfernt) zu tafeln. Kreative Küche mit internationalem und mediterranem Einschlag. Die Qualität hat aber ihren Preis. Auf jeden Fall reservieren! *Nov.–Feb. geschl., Ctra. San Juan, km 15, Tel. 971 33 88 38, www.atzaro.com,* €€€

Ca na Ribes
Die Tradition reicht bis 1926 zurück. Gepflegte Küche, Spezialitäten: die Reisgerichte (mindestens 2 Personen). Das Restaurant zeigt zu zwei Straßen hinaus. *Nur Ostern bis Anfang Nov., Mi geschl., C/. de Sant Jaume (bzw. de Sant Vicent, 36), 67, Tel. 971 33 12 80,* €€

Central
Hier trifft man sich drinnen oder draußen zu hausgemachter Lasagne, zu Tintenfischringen und Salaten. Außerdem zählen Lamm und Seezunge zu den Spezialitäten. *So geschl., C/. de Sant Vicent, 24, Tel. 971 33 00 43,* €–€€

Franck's
Gediegenes Ambiente, in dem man Lachstatar und Rinderfilet ebenso goutiert wie Goldbrasse an Chinagemüse. Gute Weinauswahl. Reservierung empfohlen. *Nur abends, So geschl., C/. Isidoro Macabich, 32, Tel. 971 33 06 60,* €€–€€€

EINKAUFEN

Merken Sie sich für Ihren Einkaufsbummel den lang gestreckten *Carrer de Sant Jaume*, den *Passeig S'Alamera* und den *Carrer de Sant Vicent* vor. Reichlich Modeauswahl finden Shoppingfans im *Centre Comercial Art*, einem Geschäftszentrum am *C/. de M. Riquer Wallis.*

ÜBERNACHTEN

Duquesa Playa
Hier stehen dreierlei Arten von Apartments zur Wahl, die für maximal fünf Erwachsene gedacht sind. Pool auf der Dachterrasse, Halb- oder Vollpension zu angemessenem

Aufpreis. Strategisch günstige Lage nahe Hafen und Strand. *32 Apartments, C/. San Lorenzo, 16–18, Tel. 971 93 37, Fax 971 31 92 32, www.duquesaplaya.com, €–€€*

Mediterraneo

Zwei-Sterne-Hotel, erschwinglich, schnörkellos, kleiner Pool, beliebt bei jüngerem Publikum. *Nov.–April geschl., 63 Zi., C/. Pintor Vizcai, 1, Tel. 971 33 00 15, Fax 971 33 19 35, www.hotelmediterraneoibiza.es, €–€€*

Insider Tipp **Palladium**

Spa & Health Resort für Wellnessfans, Pools, Dampfbad, Sauna, Fangotherapie. *48 Zi., C/. Los Lirios, 1, Urbanización Siesta, Tel. 971 33 82 60, Fax 971 33 66 46, www.aaapalladium.com, €€€*

S'Argamassa Palace

Spitzenunterkunft zu Spitzenpreisen mit bestens ausgestatteten Suiten (ganzjährig), Pool. Östlich der Stadt in Strandnähe, gutes Restaurant. *24 Zi., Urbanización S'Argamassa, Tel. 971 33 02 71, Fax 971 33 27 94, www.sargamassa-palace.com, €€€*

FREIZEIT & SPORT

Die *Marina* ist Dreh- und Angelpunkt. Hier starten Touren im Glasbodenboot. *Ibiza Diving (local 14, zona 4, Tel. 971 33 29 49, www.ibiza-diving.com)* bietet Tauchtrips und -kurse an. Ein paar Kilometer nordöstlich liegt mit der Insider Tipp Tauchschule *Cala Pada* ein deutschsprachiges Center für Unterwasserfreaks *(Tel. 971 33 07 55, www.diving-ibiza.com);* für Cracks und Einsteiger führen Tauchgänge u. a. zu Höhlen, zum Wrack eines Segelschiffes in 24 m Tiefe und zum Riff von Santa Eulària. Südwestlich der Stadt, auf halbem Weg zwischen Santa Eulària und Jesús, liegt der *Club de Golf Ibiza (Ctra. Jesús–Cala Llonga, Tel. 971 19 60 52, www. golfibiza.com),* bestehend aus einem 18-Loch und einem 9-Loch-Platz. An der *Platja de S'Argamassa* finden Sie das Wassersportcenter *Cesar's Palace of Watersports (Tel. 971 33 09 19).*

STRÄNDE

Die netten Stadtstrandareale breiten sich zwischen dem Sporthafen und der einstigen Flussmündung aus, gesäumt von der Promenade mit Einkehrmöglichkeiten. Richtung Es Canar/Punta Arabí steuern junge Leute gerne die *Cala Pada* und die *Platja de S'Argamassa* an.

AM ABEND

In puncto Nightlife kann und will es Santa Eulària nicht mit Eivissa oder Sant Antoni aufnehmen. Hier geht's vergleichsweise gesetzt zu; das ganze Jahr über genießen viele deutsche Urlauber und *residentes* die gemütliche Stimmung und das gepflegte Ambiente. Passeig Marítim und Hafen bieten die besten Anlaufstationen für jüngeres Publikum. Das *Royalty* an der Plaça d'Espanya *(tgl.)* gilt als unverwüstlicher Klassiker für den Aperitif oder den Plausch zwischendurch. Heiß geht es im Hafen im Diskopub *Guaraná* zu (Livemusik, DJs).

AUSKUNFT

Oficina d'Informació turística

C/. de M. Riquer Wallis, 4, Tel./Fax 971 33 07 28, www.santaeulalia.net

ZIEL IN DER UMGEBUNG

Cala Llonga **[119 D5]**
Tiefe Bucht, guter Sandstrand, angenehmer Einstieg ins Meer, daher meist gut gefüllt. Hier fügen sich Hotel- und Apartmentblocks mehr schlecht als recht in die Landschaft, hier kommen Wasserratten voll auf ihre Kosten. Hungrige können einen Abstecher ins nett gelegene Restaurant *La Casita (Di geschl., Urbanización Valverde, Tel. 971 33 02 93, €€)* einlegen. Landeinwärts lockt der kleine Reiterhof *Easy Rider (Camí d'en Serra, Tel. 971 19 65 11)*, ab dem Sie zu kurzen Ausritten starten können. Auch Anfänger sind willkommen.

SANT CARLES

[119 E3] Das freundliche Ortsbild legt sich rund um die Kirche; in Sant Carles (500 Ew.) liegt alles auf engstem Raum: Bars, Banken, Supermarkt, Apotheke, Friseur, die Tierarztpraxis. Neben der Kirche plätschert ein von Palmen umstandenes Minibassin, Bänkchen laden zum Verweilen ein. Eine Runde ums Gotteshaus führt Sie auf einen Orangenbaumplatz und in die winzige Fußgängerzone, die man geschmackvoll mit Pflanzenkübeln ausstaffiert hat. Sant Carles dient als Sprungbrett zu etlichen Stränden.

Insider Tipp

SEHENSWERTES

Església de Sant Carles
Ortskirche, deren Bau Ende des 18. Jhs. von Bischof Abad y Lasierra in Auftrag gegeben wurde. Am Eingang ein kleines Weihwasserbecken in Muschelform, im Altarbereich eine Skulptur des hl. Karl Borromäus, typisch dargestellt mit erhobenem Kreuz. Abends erstrahlt die Kirche in warmem, orangefarbenem Licht.

ESSEN & TRINKEN

Anita
Insider Tipp
Legendäre Bar, die noch heute als jene verehrt wird, in der zu Urhippiezeiten alles anfing. Hier trifft man sich zum Plausch, auf ein Omelett, auf einen Salat. *Tgl., An der Durchgangsstraße, Tel. 971 33 50 90, €*

Can Curreu
Zu einem nahen Luxuslandhotel gehöriges Restaurant, das einen eleganten Stil pflegt. Einfallsreiche Gerichte, auch für Vegetarier. Reservierung empfohlen. *Ctra. Sant Carles, km 12, Tel. 971 33 52 80, €€€*

EINKAUFEN

Las Dalias
Südlich gelegener Hippiemarkt, der das ganze Jahr über (Sa) steigt. *Restaurante Las Dalias, Ctra. Sant Carles, km 12, www.lasdalias.com*

ÜBERNACHTEN

Can Jordi
Populäre Hotelanlage an der Cala Llenya. Gute Kinderermäßigungen. Pool, Kinderpool, Sauna. *Nov. bis März geschl., 70 Zi., Cala Llenya, Tel. 971 33 51 21, Fax 971 33 53 99, www.club-can-jordi.com, €–€€*

ZIELE IN DER UMGEBUNG

Buchten und Strände
Im Ortskern von Sant Carles weist ein Schild zur wenige Kilometer südöstlich gelegenen ★ *Cala Llen-*

ya **[119 E4]**, einem echten Strand-Höhepunkt. Hinter dem Kiefernforst breiten sich feinsandige Flächen mit reichlich Liegeplätzchen aus, Beachvolleyball und Bootspartien bringen Abwechslung ins Strandleben.

Weiter südlich führt ein Stichsträßchen an die *Cala Nova* **[119 E4]** mit ihrem recht zubetonierten Hinterland. Urwüchsiger und einsamer wird es wieder an der Küste nördlich der Cala Llenya, wo Sie mit der *Cala Mastella* **[119 E3]** eine malerische kleine Sandbucht erwartet. Die Küstenlandschaft ist wild zerfranst. In traumhaften Felsrahmen eingefasst ist die ★ *Cala Boix* **[119 F3]**, eine kleine Bucht mit dunklem Sand, zu der eine Treppe hinabführt. In der Strandbar können Sie es sich ebenso gut gehen lassen wie in mehreren nahen Saisonrestaurants. Die kleine und *Platja Es Pou des Lleó* **[119 F3]** schließt das Strandensemble ab – schön der Blick auf die vorgelagerte Insel Tagomago.

Insider Tipp

Weiter nördlich geht es an der Küstenlinie an die *Platja des Figueral* **[119 E2]** heran, einen beliebten Familienstrand. Ein Abstecher führt zur *Platja S'Aigua Blanca* **[119 E2]**, wo Sie ein Miteinander aus Klippen und Nacktbadestrand erwartet; sehr steile Zufahrt, besser zu Fuß.

Cala de Sant Vicent **[119 E1]**

★ Nordöstlichster Küstenort (300 Ew.), der sich durch seinen schönen, breiten Sandstrand auszeichnet. Zum Gepräge gehören Bootsschuppen und Felsenflanken. Hier kommen Wassersportler auf ihre Kosten, hier können Sie Schnorchel und Maske austesten. Weniger reizvoll ist die Küstenbebauung. Unterkunft im Vier-Sterne-Hotel *Cala de San Vicente (Nov.–Ostern geschl., 117 Zi., Tel. 971 32 01 21, Fax 971 32 01 12, www.grupotel.com, €€)*. Cala de Sant Vicent liegt 6 km nordöstlich von Sant Carles und lässt sich mit einem Schlenker nach *Sant Vicent de sa Cala* **[119 E2]** kombinieren. Das Inlandsdorf (300 Ew.) liegt ein paar Kilometer westlich von Cala de Sant Vicent, den Mittelpunkt bildet die Kirche aus dem 19. Jh.

Noch liegt der Strand in der Cala de Sant Vicent verlassen da ...

Friedensinsel im Mittelmeer

Kristallklares Wasser, Felsenbuchten, sandige Weiten – der Stoff, aus dem seit Hippiezeiten die Urlaubsträume sind

»Als Kinder«, erzählt Carmen, die hier aufgewachsen ist, »sind wir einfach mit den Hippies losgezogen. Meine Mutter hatte Picknick vorbereitet, dann ging's mit dem Esel und dem Karren los. Damals war selbst im Hochsommer am Illetes-Strand fast niemand zu sehen!« Heute unvorstellbar – und dabei ist es noch gar nicht so lange her, denn Carmen ist noch nicht in dem Alter, in dem bereits die Rente winkt. Auf der Insel darf sie sich guten Gewissens als Besonderheit fühlen, denn unter den etwa 5000 ständigen Bewohnern gehört sie zu den waschechten Einheimischen – obwohl sie auf Ibiza geboren wurde. Warum Letzteres? »Ganz einfach«, sagt sie, »dort war die nächste Entbindungsstation.«

Heute verfügt Formentera längst über ein eigenes Hospital, hat vermeintlich Versäumtes mit Siebenmeilenstiefeln aufgeholt – und ist in vielerlei Hinsicht doch die Alte geblieben. Auf 82 km^2 bleibt weder Platz für einen Flughafen noch für große Städte – daher rührt das häufig benutzte Prädikat von der »Friedensinsel«. Ob Blumenkinder oder Besucher von heute, sie ließen und lassen sich in den Schoß dieser Mittelmeerinsel fallen. Überall genießt man die Reize einer abwechslungsreichen Landschaft: feinsandige Strände, Kiefernhaine, Felsbuchten, von Höhlen durchlöcherte Klippen, die Binnenseen Estany Pudent und Estany des Peix, die Salinen, das kristallklare Meerwasser, der phantastische Sternenhimmel bei Nacht. Was nicht heißt, dass Formentera einzig ein Hort für Naturseelen oder Romantiker wäre! Im Sommer genießen Treffs wie die *Blue Bar* einen guten Ruf, und Strände mutieren zu improvisierten Tanzflächen. In der Hochsaison wird aus der Fahrrad- vielerorts eine Rollerinsel; viele Hotels liegen in italienischer Hand.

Hoch über dem Meer thront der Leuchtturm an der Punta de sa Ruda

Strandcafé in Es Pujols

Abendliche Partystimmung an der Strandpromenade von Es Pujols

Überall auf der Insel sind Entfernungen und Höhen gering. Gerade 17 km trennen den Hafenort Sa Savina im Nordwesten von El Pilar de la Mola im Osten, auf der Hochebene La Mola markiert der 192 m hohe Sa Talaiassa das höchste aller Inselgefühle. Hauptstadt ist Sant Francesc, das größte Ausgeh- und Restaurantpotenzial bietet Es Pujols. Hotel- und Apartmentanlagen kommen moderat daher, die einzigen Megakästen liegen im Südosten. Sympathisch hinterwäldlerisch wird es streckenweise im Inland. Staubige Pisten streifen Bruchsteinmauern oder enden unverhofft vor einsamen Anwesen. Formentera-Feeling wie zu besten Blumenkinderzeiten – zumindest außerhalb der Hochsaison ...

ES PUJOLS

[122 C4] Formenteras Ferienzentrum (600 Ew.) mit eigenem Strand und einer geschmackvoll aufbereiteten Meerespromenade, an der sich reichlich Einkehrtempel aufreihen und die immer wieder Schauplatz von Freiluftmärkten ist. Unternehmungslustige finden lohnende Ziele in der Nähe: den Seewanderweg am *Estany Pudent* oder weitere Strände wie *Llevant* und *Illetes*. Eher verzichtbar ist ein Abstecher zur *Torre de Punta Prima*, einem Wehrturm aus dem 18. Jh., den Sie bereits von der Meeresfront aus sehen; Anfahrt und Zugang sind recht kompliziert, die ein wenig zu gut gemeinte Restaurierung hat dem klobigen Riesen seine Ursprünglichkeit geraubt. Unterkunft in Es Pujols bieten eine ganze Reihe von Hotels, Gasthäusern und Appartementblocks. Während der Saison erwachen auch Auto-, Vespa- und Radverleiher zu Leben.

ESSEN & TRINKEN

Timón

Grillrestaurant für Fleischungrige, die Appetit auf Lammkoteletts und Schweinerippchen verspüren. Wer zu zweit isst, ordert einen »Fleischteller spezial«. *Tgl., Av. de Miramar, Tel. 971 32 89 82,* €€

ÜBERNACHTEN

Roca Bella
Flachbaukomplex auf einer felsigen Landzunge, ein paar Hundert Meter vom Ortsrand und nur zwei Gehminuten vom Strand entfernt. Erbaut in den Fünfzigerjahren und damit eines der ältesten Hotels auf der Insel; übermäßigen Luxus dürfen Sie nicht erwarten! *Okt.–April geschl., 60 Zi., Platja d'es Pujols, Tel. 971 32 85 07, Fax 971 32 88 42, www.lagoplaya.com,* €–€€

FREIZEIT & SPORT

Wasseraktivitäten (Wasserski, Katamaran, Windsurfen) kann man beim *Centro Wet Four Fun (Platja d'es Pujols, Tel./Fax 971 32 18 09, www.wet4fun.com)* buchen.

STRÄNDE

Bezieht man die Küstenabschnitte bis hinauf zur etwa 3 km entfernten *Platja de Llevant* mit ein, schöpft Es Pujols strandmäßig aus dem Vollen. Zunächst einmal dehnt sich der angenehme, sandige Hausstrand, die *Platja d'es Pujols*, nordwestwärts an die Felsenlandzunge mit dem Hotel *Roca Bella* heran. Wer schattenlose Märsche nicht scheut, sollte von dort aus den Küstenstreifen weiter zu Fuß erkunden – es lohnt sich! Insider Tipp Nachdem Sie hinter dem Hotel eine kleine, felsenflankierte Bucht mit ihren Fischerbootsschuppen rechts liegen gelassen haben, erreichen Sie später das *Hostal Sa Roqueta* und weitere kleine Strandabschnitte. Mal führen Holzplankenstege an den Dünen vorbei, mal gehen Sie an der felsig zergliederten Küste ein Stück durch Sand. Der Weg, immer parallel der Küste, ist nicht zu verfehlen. Suchen Sie sich ein roman-

MARCO POLO Highlights »Formentera«

★ **Platja de Llevant**
Ein sandiger Traum an der Nordostspitze der Insel (Seite 80)

★ **La Mola**
Hochebene mit Leuchtturm, schönen Ausblicken, Kunsthandwerkermarkt (Seite 81)

★ **Platja de Mitjorn**
Felsen, Dünen, Sand und beliebte Beachtreffs wie die Blue Bar (Seite 82)

★ **Platja des ses Illetes**
Hier zeigt sich die Insel von ihren sandigen Schokoladenseiten (Seite 89)

★ **Cap de Barbaria**
Rau, faszinierend: die Küstengegend um Formenteras südliches Kap (Seite 85)

★ **Camí de Sa Pujada**
Traumaussicht auf dem Wanderweg zwischen Küsten- und Hochebene (Seite 80)

tisches Plätzchen zwischen den Felsen oder an einer der winzigen Buchten. Am Ende eröffnen sich die richtigen Sandweiten der ★ *Platja de Llevant*, das wahre Ziel der Strandfans und Sonnenanbeter, vor allem der Hüllenlosen – hier tummeln sich FKK-Anhänger. Landeinwärts verläuft ein breiter Dünengürtel in Richtung der Salinen, Treffpunkt vieler ist das große Strandrestaurant *Tanga (Tel. 971 18 79 05, €€)*. Bis zum davor gelegenen Parkplatz ist eine Anfahrt an die Platja de Llevant möglich, auch mit dem Rad: ab Es Pujols an den Nordostufern des Estany Pudent vorbei Richtung Sa Savina, dann ausgeschilderter Rechtsabzweig auf die befahrbare Piste *(Camí de ses Illetes)*, an den Salinen vorbei und hinter dem Restaurant *Es Molí de Sal* erneut nach rechts auf eine schmalere Piste bis zum Ende.

AM ABEND

Im Zentrum konzentriert sich die Vergnügungszone auf den *Carrer Roca Plana*, an dem man im Sommer kaum ein Durchkommen findet. Kühle Drinks zu bodenständigen Preisen gibt es in der *Bar Coyote;* die Auswahl an Cocktails und Longdrinks ist recht groß.

ZIELE IN DER UMGEBUNG

Camí de Sa Pujada [123 D5]

★ Traumhaft, aber anstrengend – auf 1,5 km Länge überbrückt der »grüne Weg« *Camí de Sa Pujada* die Höhendifferenz zwischen Formenteras Küsten- und Hochebene. Wählen Sie am besten das obere Ende als Einstieg, da Sie Ihr Gefährt auf dem dortigen Parkplatz an der Hauptstraße abstellen können. Folgen Sie dem ausgeschilderten Wanderweg abwärts durch Kiefernforst, steigern Sie Ihre Vorfreude mit jedem Schritt hinab – denn bald erwarten Sie Panoramatrassen, die bei klarer Sicht kaum etwas aussparen! Herrliche Blicke schweifen über die blau bis türkis schimmernden Wasserflächen und über weite Teile der Insel hinweg. Hier bekommen Sie eine kostenlose Lektion in Inselgeografie, sehen, wie sich Formentera in der Mitte zusammenzieht und zwischen Cap de Barbaria und Punta Prima verbreitert. Im fernen Hintergrund machen Sie deutlich die Silhouette Ibizas aus. Der spätere Aufstieg zurück zum Parkplatz wird Sie manche Schweißperle kosten, was nach einer persönlichen Belohnung verlangt: einer Einkehr in *El Pilar de Mola* oder im nahen Panoramarestaurant *El Mirador* bei Fisch- und Reisgerichten *(Nov.–April geschl., sonst tgl., Tel. 971 32 70 37, €€)*. Den Parkplatz am oberen Einstieg des *Camí de Sa Pujada* finden Sie nahe Kilometerstein 15 zwischen Es Caló de Sant Agustí und El Pilar de la Mola, von der kurvigen Küstenauffahrt her auf der linken Seite.

Camí de s'Estany [122 B–C4]

Seerandweg an den Süd- und Westflanken des Estany Pudent entlang – für Radler, Wanderer und auch Jogger geeignet. Schatten werden Sie allerdings vergeblich suchen! Den ausgeschilderten Einstieg als »Grüne Route« finden Sie am westlichen Ortsrand von Es Pujols, direkt an der Durchgangsstraße Richtung Sa Savina. Die Länge für die einfache Strecke bis zum Ziel Sa Savina ist mit 2,7 km angegeben,

Mode, Schmuck, Accessoires: Kunsthandwerkermarkt in El Pilar de la Mola

doch bis zum dortigen Hafen sind es noch ca. 800 m mehr; die Tour ist im übrigen Bestandteil einer im Kapitel »Ausflüge & Touren« vorgestellten längeren Wanderung.

Zu Beginn fällt der Erdweg sanft ans Seeufer ab und zieht sich fortan mal näher, mal weiter am Estany Pudent, dem »Stinkenden See«, entlang. Kein fauler Schwindel ist, dass Formenteras Binnenmeer an heißen Tagen seinem Namen alle Ehre macht; mit Glück bleibt's jedoch geruchsfrei. Während sich in Ihrem Rücken die kleine Appartementfront von Es Pujols aufwirft, bleibt der Blick voraus unverbaut. Mit scharfem Auge (besser mit Fernglas) machen Sie Möwen und andere Seevögel aus. Büsche und Blumen säumen den Pfad, Halme und Gräser rascheln im Wind, gelegentlich huscht eine Eidechse unter die Steine. Später künden Steinmäuerchen und kalkweiße Villen die nahende Zivilisation in Form von Sa Savina an; am Ende des *Camí* schauen Sie rechts auf die Salinen. Wer Sa Savina noch nicht richtig kennt, sollte die Tour bis zum Hafen oder an die Ufer des benachbarten *Estany des Peix* ausdehnen; Rückkehr auf derselben Strecke.

Can na Costa **[122 C4]**

Megalithische Grabstätte, etwa 1 km nordwestlich von Es Pujols und erst in den Siebzigerjahren freigelegt. Die hier gefundenen Knochenreste stammten von sechs Männern und zwei Frauen aus der Zeit zwischen ca. 1900 und 1600 v. Chr. *Besichtigung nur von außen möglich*

El Pilar de la Mola **[123 E5]**

Hauptort (400 Ew.) der Hochebene ★ *La Mola*, die seit ehedem in ständiger Rivalität zum Rest Formenteras steht. Für viele Insulaner markieren die knapp 200 Höhenmeter einen gewaltigen Schnitt zu »denen da oben ...«. An der Ortsdurchgangsstraße reiht sich alles Wichtige auf: ein paar Geschäfte und Cafés, die kalkweiße Kirche (18./19. Jh.) und das Gelände des sonntäglich und mitunter auch mittwochs terminierten Kunsthandwerkermarkts. An den Ständen bietet man Schmuck, Kleider und alle möglichen Kunsterzeugnisse feil, Rahmenprogramme bieten Musik und kleine Straßenshows. Ein weiterer guter Besuchsgrund ist das ebenfalls an der Hauptstraße gelegene Restaurante *Pequeña Isla* *(tgl., Tel. 971 32 70 68, €€–€€€)*. Hier tischt man Ihnen vorzügliche typische Inselgerichte auf: ob Salat mit getrocknetem Fisch, Lammkoteletts mit Kräutern oder Tintenfisch in der eigenen Tinte. Diese Genüsse lassen sich auch viele Einheimische nicht entgehen!

Insider Tipp

Rund um El Pilar de Mola finden Wanderer nicht weniger als fünf »grüne Wege« durch ländliches Gebiet. Der *Camí des Torrent Fondo* z. B. führt an der 1778 erbauten Windmühle *(Molí Vell de la Mola)* vorbei. Zur Hochebene La Mola gehört der *Far de la Mola*, ein 2,5 km entfernter Leuchtturm, den man bereits an der Ortsausfahrt aus El Pilar de la Mola erkennt und der das Ende des Inselostens markiert. Hier fallen die Klippen über 100 m tief ab, hier nehmen Sie traumhafte Blicke über die See in sich auf. Am Parkplatz vor dem Leuchtturm erinnert ein Monument an den berühmten Science-Fiction-Autor Jules Verne (1828–1905), der die schroffe Gegend in seinem Roman »Reise durch das Sonnensystem« als Schauplatz verarbeitet hat.

Es Caló de Sant Agustí **[123 D5]**

Es Caló de Sant Agustí (200 Ew.) liegt fast unmittelbar an der Hauptstraße Sant Francesc–El Pilar und ist das letzte Örtchen in der Ebene, bevor die Straße kurvenreich zur Hochebene La Mola aufsteigt. Die gut ausgebaute Hauptstraße zieht sich lang gestreckt in die Weite, unterwegs führen Stichwege an die *Platja de Mitjorn*. Ein kurzer, ausgeschilderter Abzweig führt zum *Castellum Romà*, dem umzäunten Ruinenareal einer Verteidigungsanlage aus spätrömischer Epoche (3. Jh. n. Chr.); an den Seiten der quadratischen Struktur (40 x 40 m) sind Turmfundamente zu sehen.

Fischliebhaber schnalzen mit der Zunge, wenn sie von Es Caló de Sant Agustí hören. Hier schwören sie auf das fangfrisch zubereitete Meeresgetier, vor allem im Restaurant *Ca'n Rafalet*, wo es die schönen Küstenaussichten von der Terrasse als Beigabe gibt *(Nov. bis März geschl., sonst tgl., Tel. 971 32 70 77, €€€)*. Doch auch ohne kulinarische Absichten lohnt sich ein Stopp. Wer die Minibucht mit den Fischerbootsschuppen umrundet, gerät auf den Holzweg – aber einen der guten Art! Der Plankenpfad zieht sich ein Stück durch die Dünen und führt an *Ses Platgetes* heran, die »Strändchen«, ein Miteinander aus winzigen Buchten und Sandabschnitten. *8 km südöstlich von Es Pujols*

Insider Tipp

Platja de Mitjorn **[122–123 C–D5]**

★ Kilometerlanger Strand im Süden der Insel, unterbrochen von diversen Felsabschnitten und Buchten, im Rücken Dünen oder Kiefernwälder. Ab der Hauptstraße Sant Ferràn–El Pilar de la Mola führen immer wieder Abzweigungen zu Restaurants und Hotels an der *Platja de Mitjorn*, die mitunter auch *Migjorn* geschrieben wird. Gele-

Sonnenschirme und Liegestühle an der Platja de Mitjorn

gentlich müssen Sie mit angespültem Seegras rechnen, außerdem ist beim Baden wegen möglicher Strömungen Vorsicht angebracht. Dennoch ein toller Strand. Hier können Sie sich im Adams- und Evaskostüm den Strandfreuden hingeben, sich ein Plätzchen zwischen Felsenzungen oder natürlich in einem legendären Beachtempel wie der *Blue Bar* suchen – am besten bei Sonnenuntergang und einem Cocktail! Am Abend geht die Partypost mit Musik und Tanz und Events jeder Art ab; News der *Blue Bar* und Infos zu den hauseigenen CDs unter *www.bluebarformentera.com.*

An den südöstlichsten Strandausläufern (auch bekannt als *Platja d'es Copinar*) liegen zwei Großanlagen, die ihre Pforten Frühjahr bis Herbst öffnen: das Vier-Sterne-Hotel *Riu La Mola* mit entsprechendem Komfort, Sport- und Animationsangebot *(328 Zi., Tel./Fax 971 32 70 00, www.riu lamola.com, €€€)* sowie der unter Familien beliebte Insotel-Club *Maryland* mit Bungalows *(325 Zi., Tel. 971 32 70 70, Fax 971 32 71 45, www.insotel.com, €€–€€€)*. Ebenfalls zur Insotel-Gruppe gehört der Vier-Sterne-Kasten *Formentera Playa*, der sich im nordwestlichen Strandteil ans Meer schiebt *(333 Zi., Nov.–April geschl., Tel. 971 32 80 00, Fax 971 32 80 35, www.insotel.com, €€€)*. Tauchtrips über den *Centro de Buceo La Mola (Tel./Fax 971 32 72 75, www.tauchen-lamola.de)* und *Orcasub (www.orcasub.com)* in den Insotel-Hotels.

SANT FRANCESC

[122 B4] Passend zu Formentera zeigt sich die Hauptstadt Sant Francesc (auch: *Sant Francesc Xavier* oder *Sant Francesc de Formentera*; 1500 Ew.) in jederlei Hinsicht beschaulich. Allein wegen seiner Lage im Inland trägt das Städtchen nicht den Charakter eines Touristenzentrums. Es ist eher die Wohn- und Einkaufsstadt der Insulaner, die hier ihre Behördengänge erledigen, zur Post oder in die Bibliothek gehen. Oder in die Bars ... Im Zentrum breitet sich die mit Palmen aufgemachte *Plaça de sa Constitució* aus, an der auch die Kirche und das Rathaus liegen. Unterhalb des Platzes fließt die Fußgängerzone *Carrer de Jaume I* ab, im Sommer Schauplatz von Märkten. Allerdings endet die Fußgängerzone genauso schnell, wie sie begonnen hat.

SEHENSWERTES

Església de Sant Francesc Xavier

Festungsartiger Kirchenbau mit kleinem Glocken- und Kreuzaufsatz, 1726–38 erbaut. Das Gotteshaus ist dem hl. Franz Xaver geweiht, dem großen Jesuitenmissionar des Fernen Ostens. Abends wird die Kirche angestrahlt. *Pl. de sa Constitució*

Trachtenpuppe im Museu d'Etnografia

MUSEUM

Museu d'Etnografia

Kleines Volkskundemuseum, das mit den Traditionen zu Lande und zu Wasser vertraut macht – im Grunde jedoch nur etwas für Spezialisten. *Mo–Sa 10–14, im Sommer meist Mo–Fr 10–14 und 18–20, Sa 10–14 Uhr, C/. de Jaume I, s/n*

ESSEN & TRINKEN

Pa i Vi

Unter Einheimischen beliebt, vor allem der Vorbereich der Bar. Recht preisgünstiges Mittagsmenü, à la carte Spießchen, Lamm, Schlachtreis. *Mo-Abend geschl., C/. Antoni Blanc, Tel. 971 32 33 23, €*

Insider Tipp

EINKAUFEN

Die mit Abstand geschäftigste Straße ist der *C/. de Jaume I*, wo man viele Läden und Boutiquen findet.

ÜBERNACHTEN

Bar del Centro

Im Unterbereich die Kneipe, oben das Gasthaus für Reisende mit Basisansprüchen und wenig Geld. Im Zentrum, Zimmer ohne Bad. Es gibt ein Gemeinschaftsbad. *Dez.–März geschl., 7 Zi., Pl. de sa Constitució, Tel./Fax 971 32 20 63, €*

ZIELE IN DER UMGEBUNG

Cala Saona **[122 B5]**

Beliebte und isoliert gelegene Badebucht im Inselwesten mit

Der verhexte See

Die Legende vom Estany Pudent

Es waren einmal zwei Schwestern, die wie Pech und Schwefel zusammenhielten. Nach dem Tod ihrer Eltern zerstritten sie sich über das Erbe, eine prächtige Finca im Norden der Insel. Eine Lösung schien nicht in Sicht, bis eine der beiden verärgert ausstieß: »Ich wünschte, morgen wäre alles auf dem Grund eines mächtigen Sees versunken!« Und so kam es. Am kommenden Tag breiteten sich die Wassermassen des Estany Pudent über dem Gebäude und den Ländereien aus. Noch heute reden die Einheimischen von Häuserresten auf dem Grund des Gewässers ...

Sandstrand, Felsenflanken und Fischerbootsschuppen. Das Zubringersträßchen führt durch dünn besiedeltes Gebiet, das seinen ländlichen Charme bewahrt hat. Mit ins Bild gehören Kiefern und Steinmauern. Im Sommer zeigt sich das Meer in seinen verführerischsten Farben; während der kühleren Jahreszeit ist der Strand nicht selten von vertrocknetem Seegras übersät. Am Abgang zum Strand wirft sich das Hotel *Cala Saona* auf, ein breiter Drei-Sterne-Kasten mit Pool und einer in die Fünfzigerjahre reichenden Geschichte *(Nov.–April geschl., 116 Zi., Tel. 971 32 20 30, Fax 971 32 25 09, www.hotelcalasaona.com, €€). 6 km südwestlich von Sant Francesc (ausgeschilderter Rechtsabzweig an der Straße Richtung Cap de Barbaria)*

Cap de Barbaria **[122 B6]**

★ Südlichster Zipfel Formenteras mit einer spektakulären Felsenküste und einem Leuchtturm, der sich aus einem weitläufigen kleinen Mauerverbund erhebt. Ein idealer Platz für die Sonnenuntergangsstimmung! (Insider Tipp) Allein die Anfahrt zum schroffen *Kap Barbaria* lohnt den Weg. Südlich von Sant Francesc zieht sich die Straße an Feldern und Kiefernhainen vorbei, am Wege liegen – sorgsam umzäunt – dürftige Megalithreste aus dem 2. vorchristlichen Jahrtausend. Allmählich ebbt die Besiedlung ab, ehe sich die Asphaltader durch die steindurchsetzte Weite der Hochebene *Pla del Rei* zieht. Ganz am Ende ragt der Leuchtturm, der *Far des Cap de Barbaria*, wie ein einsamer Wächter aus der kargen Landschaft. Am Parkplatz ist Endstation. Die Gegend diente vor einigen Jahren als Kulisse für den Film »Lucía y el sexo« (»Lucia und der Sex«), ein freizügiges Werk von Julio Medem. Apropos Paarungsverhalten: Die Felsenküste ist als Habitat wie geschaffen für den Balearen-Sturmtaucher *(puffinus mauretanicus)*, einen Seevogel, der sich einzig auf den Balearen fortpflanzt; im Sommer zieht er in kühlere Gebiete und kommt ab September auf die Inseln zurück. Ansonsten erheben über der Küste Krähenscharben, Falken, Korallen- und Weißkopfmöwen ihre Schwingen.

Natur entdecken

Auf »grünen Strecken« unterwegs

Circuits verds heißen sie, was bedeutet: »grüne Strecken«, die Wanderer und/oder Radler überall auf der Insel zu Entdeckungen in der Natur einladen. Am besten, man besorgt sich gleich nach der Ankunft das Infoheftchen im Fremdenverkehrsbüro. Verzeichnet sind 20 Touren mit Längen von 0,8 bis 3,2 km. Aber Vorsicht, nicht jeder Weg lohnt sich, nicht jeder ist vor Ort gut beschildert. Highlights sind der *Camí de Sa Pujada* und der Seerandweg am *Estany Pudent.*

Um den Leuchtturm schweifen die Blicke über die See, aus den bis zu 80 m unter Ihnen liegenden Tiefen dringt der nimmermüde Wellenschlag gegen die Klippen herauf – genießen Sie alles mit Vorsicht, denn an den Felsabstürzen geht es ungeschützt abwärts! Ein Schild weist den Weg zur nordöstlich gelegenen *Torre des Cap de Barbaria* (auch: *Torre des Garroveret*), einem gedrungenen Wachturm aus dem 18. Jh., rund zehn Gehminuten vom Parkplatz entfernt. *9 km südlich von Sant Francesc*

Sant Ferràn de ses Roques **[122 C4]**
Ort (600 Ew.) mit sagenumwobener Hippievergangenheit, deren glorreichste Kapitel von Lokallegenden wie Bob und Pepe geschrieben wurden. Aussteiger Bob hatte hier seine mehr als 20 000 Bände starke Leihbücherei (die er später der Bibliothek vermachte), Urgestein Pepe seinen soziokulturellen Kneipentreff in Form seiner Dorfschänke. Diese *Fonda Pepe* hat – im Gegensatz zum Besitzer – die Zeiten überlebt, nun kümmert sich Pepes Sohn Julián ums blühende Geschäft. Kaum jemand wird von diesem urtümlichen Restaurant enttäuscht, in dem es Gambas und anderes Meeresgetier gibt, dazu einen guten Hauswein *(€)*. Das einfache *Hostal Pepe* liegt gleich gegenüber *(Mitte Okt.–April geschl., 43 Zi., Tel. 971 32 80 33, €)*. Ansonsten hält sich die Zugkraft Sant Ferràns in Grenzen, beschränkt sich auf den *Carrer Major* und den freundlichen Platz vor der schlichten Kirche (Ende 19. Jh.). Ein Stückchen südöstlich an der Straße nach El Pilar de la Mola, wenige 100 m vom Ortsausgang entfernt, weist ein Rechtsabzweig zur kleinen Tropfsteinhöhle *Cova d'en Jeroni (unregelmäßig geöffnet, im Regelfall nur im Sommer). 2,5 km östlich von Sant Francesc*

SA SAVINA

[122 B4] Den Inseleinstieg für alle Besucher bildet *Port de sa Savina* mit regem Bootsverkehr hinüber nach Ibiza, dessen Hügelrücken in weiter Ferne im Blickfeld bleiben. Der Hafen ist recht weit ausgeufert und schluckt die Flut der Fahrzeug- und Personenfähren, der Segel-,

Fischer- und Motorboote. Rundherum reiht sich in geschäftigem Sommertreiben alles Überlebensnotwendige auf: Cafés, Restaurants, Bars sowie Rad-, Vespa- und Autoverleiher. Der Ort selbst ist klein (500 Ew.), dehnt sich aber überraschend weit ins Inland aus. Im Südwesten stößt er an den *Estany des Peix* mit seinen vielen dümpelnden Bötchen, im Südosten an einige Salinen. Der große *Estany Pudent* liegt zum Greifen nah und ist nach höchstens zehn Minuten problemlos zu Fuß erreichbar.

Länger dauert der Marsch an die rund 3 km nordöstlich gelegene *Platja de ses Illetes*, einen traumhaften Inselstrand. Wer sich fit fühlt und als Tagesausflügler ab Ibiza gute Strand- und Inselimpressionen sammeln will, braucht sich nicht einmal ein Rad oder – zum hohen Preis – ein Auto zu mieten! Auch zum zweiten Traumstrand, der *Platja de Llevant*, können Sie ab Sa Savina marschieren; siehe Wandertour im Kapitel »Ausflüge & Touren«.

ESSEN & TRINKEN

Bellavista
Anständige Küche, Plätze auf der Terrasse oder drinnen hinter den großen Fensterfronten. Menü mittags und abends. Zu den Spezialitäten zählen diverse Reis- und Fischgerichte. Im angrenzenden Barbereich sieht man so manche Einheimische schon morgens um neun ihre Cognacs kippen. *Tgl., Port de sa Savina, Tel. 971 32 22 36,* €–€€

Sa Sequi
Wenige Hundert Meter vom Sporthafen entferntes Restaurant, das gleichermaßen Fleisch- und Fischgerichte auftischt. Kulinarischer und preislicher Knüller ist die Languste. Insider Tipp *Mai–Okt. tgl., Port de sa Savina, Tel. 971 18 74 94,* €€€

ÜBERNACHTEN

Bellavista
Ganzjährig geöffnetes Drei-Sterne-Hostal mit sauberen Zimmern und

Sportboote in Formenteras Hafen Sa Savina

einer eleganten Fassade, das so manches übertrifft. Buchen Sie ein Insider Tipp Zimmer mit Blick auf den vor der Tür liegenden Hafen. *40 Zi., Port de sa Savina, Tel. 971 32 22 36, Fax 971 32 26 72,* €–€€

FREIZEIT & SPORT

Der Hafen von Sa Savina öffnet sich als Tor der 1001 Möglichkeiten. Nahe der Fähranlegestaion erwartet Sie eine kleine Armada an Fahrradverleihern – und der Drahtesel ist tatsächlich ein hervorragendes Verkehrsmittel zur Erkundung der Insel! Während der Saison starten Zubringerboote vom Hafen aus zur Insel *S'Espalmador*. Viele schwören ohnehin darauf, dass man Formentera erst von der Seeseite her so richtig kennen lernen kann. Die Nachfrage bestimmt das Angebot: Bootscharter mit *Formentera Mar (Port de sa Savina, Tel. 971 32 32 35, Fax 971 32 22 22)* und *Náutica Pins (Port de sa Savina, Tel./Fax 971 32 26 51)*. Organisierte Tauchtrips bietet *Vell Mari (Port de sa Savina, Tel. 971 32 21 05, Fax 971 32 31 98, www.vellmari.com)* an; darüber hinaus gibt es auch eine Segelschule, die *Escuela Municipal de Vela (Port de sa Savina, Edificio Almadraba, Tel. 971 32 32 95)*.

AM ABEND

Sa Lluna

Etwas abseits vom Hauptgeschehen gelegene Hafenbar, ein gemütlicher Seglertreff. Hier ordert man Käse, Schinken und *tapas* – und dazu natürlich ein Fläschchen Wein! *Port de sa Savina*

AUSKUNFT

Oficina d'informació turística

Nahe dem Fähranleger, Port de sa Savina, Tel. 971 32 20 57, Fax 971 32 28 25, www.formentera.es

Fahrradparkplatz an der Platja de ses Illetes

ZIELE IN DER UMGEBUNG

Illa de S'Espalmador [122 B2–3]
Formenteras nördlichster Inselspitze vorgelagertes Felseneiland, vom Festland durch den Kanal *Pas de S'Espalmador* getrennt. Im Sommer ist das Gebiet ein beliebtes Seglerrevier. Auf der Insel erhebt sich die klobige *Torre de S'Espalmador*, ein Mitte des 18. Jhs. errichteter Wachturm. Espalmador ist während der Saison mit Zubringerbooten ab Port de sa Savina erreichbar.

Platja de ses Illetes [122 B3]
★ Top-Strandareal im äußersten Inselnorden, das wegen seines feinen Sandes und des transparenten Wassers gerühmt wird. Kein Wunder, dass im Sommer zahllose Yachten vor der Küste ankern. Die Strandgebiete schirmen nach Westen hin jenen flachen Landfortsatz ab, der wie eine Nadelspitze ins Meer sticht und in Richtung der Insel Espalmador enger und felsiger wird.

Ab Sa Savina erreichen Sie die *Platja de ses Illetes* entweder motorisiert (Landstraße Richtung Es Pujols, dann links auf eine Piste), mit dem Rad oder zu Fuß (erstes Streckenstück ab dem Hafen über einen gut ausgebauten Dammweg). Motor- oder Muskelkraft trägt Sie auf dem *Camí de ses Illetes* an den alten Salzbecken vorbei, die ebenso wie die *Platja de ses Illetes*, die *Platja Es Cavall d'en Borrás* und die nahe *Platja de Llevant* zum Insider Tipp Salinen-Naturpark gehören. Dieser *Parc Natural* streckt sich hinüber bis nach Ibiza und umfasst das dazwischenliegende Meeresgebiet und die Inseln. Hier nun lernen Sie einen besonders schönen Teil des Naturschutzgebiets kennen, zu dem auch abgeschirmte Kiefern- und Dünenzonen gehören. Immer wieder weisen Schilder darauf hin, die fragilen Dünensysteme nicht zu betreten. Dafür locken bis zum Endpunkt am Großparkplatz einige Restaurants und Beachbars am Wege – und zwar mit aller Macht! Die alte Salzmühle dient heute als Spitzenrestaurant *Es Molí de Sal*, in dem sich so mancher Promi das Leben mit Langusten und anderem Meeresgetier versüßt *(Nov.–März geschl., Tel. 971 18 74 91, €€€)*; 2006 feierte man hier das 25-jährige Bestehen. Ebenfalls eine Institution ist das Restaurant *Juan y Andrea (Nov. bis März geschl., Reservierungen unter Handy 630 93 09 13, €€€)*. Als Mekka der Jugend sticht die Insider Tipp Beachbar *Big Sur* hervor, zwischen Sa Savina und der Platja de ses Illetes an der *Platja Es Cavall d'en Borrás* gelegen. Hier trifft man sich zur Sonnenuntergangsparty.

Torre Sa Gavina [122 B4] Insider Tipp
Kleine Wandertour mit Ausgangspunkt am Picknickplatz *(Area recreativa) Can Marroig*; ausgeschilderte Anfahrt ab Sa Savina um die Süd- und Westufer des *Estany des Peix* und dann noch ein Stück aufwärts in den Wald. Am Picknickgelände, das schön in Kiefern eingefasst ist, weist ein Schild zur 2 km südwestlich gelegenen *Torre Sa Gavina*. Der wulstige Verteidigungsturm (18. Jh.) sitzt der gleichnamigen Landzunge auf, von der Sie schöne Blicke nach Ibiza haben. Pfosten mit Pfeilen weisen den Weg durch Strauch- und Baumland. Allerdings ist die Beschilderung nicht überall einwandfrei, was auch für das letzte Teilstück der Anfahrt zum Picknickareal gilt; eine Tour für Entdecker!

Einsame Dörfer, Strände und Salinen

Die Touren sind in der Karte auf dem hinteren Umschlag und im Reiseatlas ab Seite 118 grün markiert

1 TRAUMHAFTE STRÄNDE UND BUCHTEN

Auf Küstentrip durch Ibizas Südwesten – Picknicktasche, Schwimmzeug, Sonnenschutz und Badeschuhe auf keinen Fall vergessen! Planen Sie einen vollen Tag ein, starten Sie in Eivissa. Ab dort nehmen Sie Kurs auf folgende Strände und Buchten: Platja d'es Cavallet, Sa Caleta, Cala d'Hort, Cala Vadella. Rückfahrt nach Eivissa über Sant Josep de sa Talaia; Gesamtstrecke: 66 km.

Ihre Rundfahrt zu den ibizenkischen Strandperlen beginnt in Eivissa. Auf der PM-801 geht es in südwestlicher Richtung nach *Sant Jordi de ses Salines*, dort im Kreisverkehr am Hippodrom zur ausgeschilderten *Platja d'es Cavallet* (ab hier 11 km hin und zurück). Zur Rechten liegen Flughafen und Salinen, unterwegs passieren Sie *Sant Francesc de S'Estany* mit seiner winzigen Kirche (18. Jh.) und erreichen ein Stück weiter den Linksabzweig zum Strand. Das Insider Tipp Zubringersträßchen verläuft traumhaft schön an weiteren Salinen vorbei und endet an einem Parkplatz, wo Strand und Meer greifbar nah liegen – und die Beachbar *El Chiringuito* auch. Die sandige *Platja d'es Cavallet* (S. 44) war einst der erste FKK-Strand der Insel und hat sich so oder so die Reize bewahrt. Ins Bild gehören die sandigen Weiten, kleine Felsenabschnitte und Dünen.

Nach Rückkehr an den Kreisverkehr beim Hippodrom folgen Sie der Straße zum Flughafen, kurz vor dem Airport biegen Sie dann ab Richtung Sant Josep de sa Talaia. Bald sehen Sie das Schild nach Sa Caleta, das Sie links auf ein Sträßchen durch ländliches Gebiet führt. Agaven und Feigen wechseln sich ab mit Mandel- und Olivenbäumen. Ein ausgewiesener Pistenabzweig bringt Sie hinab nach *Sa Caleta (S. 50)*, einer steinigen Bucht mit rötlichen Felswandkulissen (Wassereinstieg am besten nur mit Badeschuhen). Zur Mittagszeit bietet sich das Fischrestaurant *Sa Caleta (tgl., im Winter abends geschl., Tel. 971 18 70 95, €€)* zur Einkehr an, ein kurzer Ausflug zu Fuß führt zu den umzäunten Resten einer phönizischen Siedlung.

Auch das ist Ibiza: raue Steilküste bei der Cala d'Albarca

Ab Sa Caleta kehren Sie auf die Straße zurück, die Sie nun landeinwärts Insider Tipp durch herrliche Kieferngebiete Richtung Sant Josep de sa Talaia trägt – echt malerisch! Bald erreichen Sie eine T-Kreuzung, dort links weiter auf der PM-803 auf Sant Josep de sa Talaia und den breiten Bergbuckel des Sa Talaia zu. So weit fahren Sie aber nicht, sondern folgen nach 1,6 km dem Linksabzweig nach Es Cubells/Es Torrent. Ihr nächstes Ziel ist die *Cala d'Hort*, auf der Fahrt nehmen Sie Eindrücke des ländlichen Ibiza in sich auf: Mandel- und Eukalyptusbäume, Wiesen mit verstreuten Feigenbäumen, kleine Feldparzellen, Kiefernforst, Steinmauern, Blicke auf Berge und See. An die *Cala d'Hort (S. 49)* geht es kontinuierlich abwärts, im letzten Abschnitt sehr steil. An der kleinen Bucht erwarten Sie Kulissen aus Klippen und Sand; der Traumblick auf die vorgelagerten Felsenzauberinseln *Es Vedranell* und *Es Vedrà* ist nicht zu toppen und rechtfertigt allein den gesamten Ausflug!

Auf der Sackgassenzufahrt an die Cala d'Hort kehren Sie zwangsläufig ein Stück auf derselben Strecke aufwärts zurück. Dort folgen Sie dem Schild nach Sant Josep de sa Talaia und fahren dann später durch ausgedehnte Villengebiete hinab an die *Cala Vedella (auch: Vadella, S. 50)*. Die schöne sandige Badebucht bietet mit einigen Bars und Restaurants eine gute Auswahl. Nördlich der Cala Vedella zieht sich das Sträßchen oberhalb der Bootsschuppen bergauf und erlaubt lohnende Ausblicke über die felsigzerfranste Küstenlinie hinweg. Jetzt kurven Sie an Villen und Kiefernwäldern vorbei durch das dünn besiedelte Hügelinland, umfahren die westlichen Bergmassen des 475-m-Riesen *Sa Talaia*, halten sich immer Richtung Sant Josep de sa Talaia. Schließlich erreichen Sie wieder die PM-803; dort rechts und nach 700 m in den Ortskern von *Sant Josep de sa Talaia (S. 47)*. Wer mag, legt einen Barstopp bei *Bernat Vinya* an der Hauptstraße ein. Ansonsten geht es geradewegs zurück nach Eivissa (ab hier noch 14 km).

2 IBIZAS LÄNDLICHE IDYLLE

Die Fun- und Ferieninsel einmal ganz ohne Strände, die Touristenzentren in weiter Ferne? Kaum denkbar, oder? Doch! Nichts ist unmöglich auf Ibiza. Zumindest einen halben Tag sollten Sie für eine motorisierte Tour durch das dörfliche Abseits des Inlands einplanen – mehr noch, wenn Sie unterwegs genüsslich einkehren wollen oder vorab einen Bodegabesuch arrangieren. Als Start- und Endpunkt dient Sant Antoni de Portmany, ab dort gehen Sie nordöstlich auf große Schleife. Stationen sind Santa Agnès de Corona, Sant Mateu d'Albarca, Sant Miquel de Balansat, Santa Gertrudis de Fruitera und Sant Rafel; Gesamtstrecke: 45 km.

Sie verlassen Sant Antoni de Portmany auf der PM-812 Richtung Santa Agnès de Corona. Das zunächst gut ausgebaute Stück geht bergwärts in ein schmales und äußerst kurviges Sträßchen über, das ansteigt und sich mitten hinein ins ländliche Inselidyll windet. An den Seiten ziehen Kiefern und Steinmäuerchen vorbei, Hügelbarrieren

Im Nordosten ist das Innere Ibizas noch weitgehend Bauernland

versperren den Blick aufs Meer. Mit Öl- und Johannisbrotbäumen entblättern sich die Facetten einer Insider Tipp typisch mediterranen Vegetation, die Intensität der Grüntöne ist an Jahreszeiten und Niederschläge gekoppelt. Zwischendurch fließen Feldwege ab zu Villen. Bald wird Sie das weite Panorama des Beckens von Santa Agnès de Corona begeistern. Begrenzt von sanften Höhenzügen, breitet sich ein Flickenteppich aus Mandelbaumhainen und verstreuten Anwesen aus. Eine lange Asphaltgerade führt mitten hinein nach *Santa Agnès de Corona (S. 59)*, wo sich die Häuser zu einem Dörfchen verdichten. Stellen Sie Ihr Fahrzeug auf dem Großparkplatz am Ortsrand ab, und werfen Sie einen Blick in die Kirche. Schräg gegenüber der kalkweißen Kirchenfassade lädt die Terrassenbar *C'an Cosmi (Di geschl., €)* zur Einkehr ein, hier tanken Sie Stimmung bei Wein und Spezialomelett nach Art des Hauses. Direkt an der Kirche folgen Sie dem Schild nach Sant Mateu d'Albarca, die Straße verengt sich ein wenig. Mandelbäume und Steinmauerparzellen bleiben Wegbegleiter durch eine beschauliche Landschaft. Auf einer touristisch wenig ausgefahrenen Route spüren Sie den gänzlich anderen Welten Ibizas nach, einem Inbegriff der *tranquilidad*, der Stille und Ruhe. In der Gegend wechselt sich schwer bewirtschaftbarer Steingrund mit fruchtbarer Erde ab, aus der Avocados und Tomaten erwachsen, Kirschen und Orangen. Um Sant Mateu d'Albarca erwartet Sie ein neuerliches weites Becken, das angefüllt ist mit Weinbaukulturen. Nahebei liegen die Bodegas *Sa Cova* und *Can Maymó*, die auf Anfrage Führungen bzw. Weinproben arrangieren.

Aus der Dorfmitte von *Sant Mateu d'Albarca (S. 60)* erhebt sich die Kirche mit ihrem Bogenvorbau, etwas unterhalb liegt die einladende Bar *Es Camp Vell.* Ab Sant Mateu d'Albarca können Wanderfreunde einen Zusatzabstecher zur *Cala d'Albarca (S. 58)* einlegen, ansonsten geht es an der Kirche weiter nach Sant Miquel de Balansat.

Auf dem Weg zeigt Mutter Natur mit Kiefern und äußerst knorrigen Oliven ihren ganzen Reichtum. Als Beilage gibt es Feigen-, Orangen- und Zitronenbäume – eine regelrechte Obstkammer! Besuchsziel über der weißen Häuserkulisse von *Sant Miquel de Balansat (S. 65)* ist die dominante Dorfkirche auf dem Hügel, eine der ältesten der ganzen Insel. Ins Innere des Gotteshauses hat die Moderne Ventilatoren hineingeweht, im Altarbereich ist Ortsnamensgeber Michael mit dem Schwert zu sehen. Donnerstags um 18.15 Uhr (Mai–Okt.) wird vor dem Gotteshaus Folklore geboten, doch so punktgenau sollten Sie diese Tour nicht abstimmen – lieber wiederkommen! Im Ortszentrum können Sie sich in der *Bar March* erfrischen, ehe Sie die gut ausgebaute PM-804 6 km weiter nach Santa Gertrudis de Fruitera einschlagen. Zitrusplantagen, Feigen- und Apfelsinenbäume flankieren die Asphaltader. Ein Schild weist auf die Überfahrt des ausgetrockneten Riu de Santa Eulària.

In *Santa Gertrudis de Fruitera (S. 65)* stehen reichlich Parkflächen zur Verfügung, hier haben Sie wieder touristisch frequentiertere Zonen erreicht. Die aus dem 18. Jh. datierende Kirche ist ebenso einen Besuch wert wie der dahinterliegende Friedhof mit seinen nummerierten Gräbern und schwarzen Kreuzen. Tod und Leben liegen dicht beieinander, die Friedhofsmauern in Sichtweite der Bars. Drehen Sie eine Runde durch den Ort, stärken Sie sich mit Häppchen *(tapas)*, belegten Broten *(bocadillos)* oder Tellergerichten *(platos combinados)*. Eine beliebte, traditionelle Anlaufstelle ist die *Bar Costa,* doch es gibt noch weitere zur Auswahl.

Ab Santa Gertrudis de Fruitera folgen Sie zunächst der PM-804 Richtung Eivissa, nach ca. 3 km geht es in einem Rondell rechts ab auf der PM 812-2 nach *Sant Rafel (S. 60).* Der Ort, bekannt wegen seiner Keramikwerkstätten, ist die letzte Station der Tour. Werfen Sie einen Blick auf die Kirche, legen Sie eine Rast in der Restaurant-Bar *Centre Sant Rafel (Di geschl.,* **€–€€***)* ein. Am Ortsrand biegen Sie in die Straße nach Sant Antoni de Portmany ein, 8 km weiter endet der Rundtrip.

3 FORMENTERA: SEELUFT UND SALZBECKEN

Pure Natur bietet eine Wanderung durch den Norden Formenteras. Ins Marschgepäck gehören Badezeug, Sonnenschutz und Wasservorrat; Vogelfreunde bringen ein Fernglas mit. Samt Restaurant- oder Schwimmstopps können Sie durchaus einen ganzen Tag veranschlagen; wer durchmarschiert, ist nach ca. drei Stunden wieder am Ausgangspunkt. Wegverlauf ab/bis Sa Savina: Salinen, Platja de Llevant, Es Pujols, Süd- und Westufer des Estany Pudent; Gesamtstrecke: 11 km.

Die Tour gibt gute Gelegenheit, die verschiedenen Landschaften Formenteras kennen zu lernen: Salinen, Strände, Kiefern, Dünen, Binnenseen – aber eins nach dem

Bei den Volkstänzen in Sant Miquel wird traditioneller Schmuck getragen

andern! Starten Sie am Hafen von *Sa Savina (S. 86)*, folgen Sie ganz am östlichen Ende einer kleinen Rampe auf einen (Insider Tipp) erhöht gelegenen Dammweg, der für den motorisierten Verkehr gesperrt ist. Flach und breit zieht sich der Weg in die Weite, erlaubt äußerst lohnende Blicke nach links an die Küste und nach rechts auf den *Estany Pudent (S. 80)*. Nach etwa 1,5 km mündet der Weg auf eine breite, befahrbare Piste, dort links an Salinen und windgebeugten Kiefern vorbei Richtung *Platja de ses Illetes (S. 89)*. Ein dichter Wald- und Buschgürtel versperrt Sicht und Zugang zur See, die sich erst auf Höhe des Nobelrestaurants *Es Molí de Sal (€€€)* wieder zeigt. Folgen Sie an einer Gabelung dem Rechtsabzweig zur Platja de Llevant. An Kiefern, Binnendünen und Feuchtgebieten vorbei führt hier ein besonders schönes Wegstück durch den Salinen-Naturpark – allerdings birgt die Hochsaison die Gefahr erhöhten Zubringerverkehrs an den Strand. Genau diese *Platja de Llevant (S. 89)* ist auch Ihr zwischenzeitliches Ziel. Stürzen Sie sich in die Fluten, sammeln Sie frische Kräfte für den Weg an kleinen Buchten und Felsen vorbei bis *Es Pujols (S. 78)*: traumhafte Küstenblicke! Mitunter stapfen Sie durch schweren Sand, andernorts erleichtern Holzstege das Fortkommen. Die kleine Bar- und Restaurantmeile in Es Pujols lädt zum Verschnaufen ein, ehe Sie sich landeinwärts zur Hauptstraße *Carrer d'Espalmador* durchschlagen. Dort wenige Hundert Meter an der Straße Richtung Sa Savina, bis das Wanderschild nach links den 2,7 km langen *Camí de s'Estany (S. 80)*, den Seeweg, ankündigt. Nun geht es auf sehr schöner, aber schattenloser Trasse an den Süd- und Westufern des Estany Pudent entlang. In der Ferne verraten die Masten der Yachten bereits das Ziel: den Hafen von Sa Savina, wo Bars und Cafés auf ermattete Wanderer warten.

Radeln, Tauchen und Windsurfen

Fit durch den Urlaub: Meer und Inland bieten eine riesige Auswahl an sportlichen Betätigungsfeldern

Zu Lande, zu Wasser oder in der Luft – für alle Freizeitaktiven haben die Inseln eine ganze Menge drauf. Viele Hotels halten ihre Gäste mit Beachvolleyball, Tennis und Bogenschießen auf Trab. Bedenken Sie, dass sich die Sportangebote von Veranstaltern oft nur auf die Saison von Frühling bis Herbst beziehen.

Ein Tipp vorab: Die Fluglinie *Air Berlin (www.airberlin.com, Tel. 01805/73 78 00)* nimmt ausgewähltes Insider Tipp Sportgepäck bis 30 kg kostenlos mit: ob Tauchausrüstung, ein Body- oder Kiteboard bis 140 cm, einen Reitsattel, ein Paar Wasserski oder Golfequipment. Der Transport von Fahrrädern kostet 20, der von Surfbrettern 25 Euro (eine Strecke).

BALLONFAHRTEN

Insider Tipp Ibiza aus der Vogelperspektive – der Veranstalter *Ibiza en Globo* macht's möglich. Die ganzjährig abgehenden Ballontouren starten früh am Morgen für jeweils zwei bis sechs Passagiere, die reine Flugzeit beträgt ca. 35–45 Minuten, der ganze Ausflug dauert etwa vier Stunden. Pro Person kostet der Flugspaß 150 Euro, inklusive Transfer ab/bis Hotel sowie Versicherung und Urkunde. Nach dem Abenteuer steht ein gemeinsames Frühstück an. Information und Reservierungen unter *www.ibizaenglobo.com, Handy 630 41 01 67 (Spanisch oder Englisch).*

Für Radfahrer ist vor allem Formentera ein lohnendes Ziel

FAHRRAD FAHREN

Für Radler bieten sich in erster Linie die Nord- und Ostbereiche Ibizas sowie der gesamte Westteil Formenteras an. Formentera ist eine regelrechte Radlerinsel, auf der die Seitenstreifen einiger Hauptstraßen speziell für Pedalritter ausgewiesen sind. Vielerorts locken Pisten und Nebensträßchen, Kurzbeschreibungen und Kartenskizze finden Sie in der Broschüre »Circuits Verds/Grüne Touren« (erhältlich im Fremdenverkehrsamt). Auf Formentera sind viele Radverleiher rund um den *Port de sa Savina* ansässig.

Akzeptable Räder kosten ab ca. 10 Euro Tagesmiete, gelegentlich sind Kindersitze vorhanden. Offiziell besteht auf Landstraßen Helmpflicht für Radfahrer, doch so genau scheint es damit niemand zu nehmen. Aus Hygienegründen empfiehlt es sich, den eigenen Helm von zu Hause mitzubringen!

GOLF

Der Golfstrom ist an den Pityusen im Wesentlichen vorbeigelaufen; die für solche Zwecke nutzbare Fläche ist natürlich begrenzt. Die Ausnahme bildet die Anlage *Golf Ibiza* mit 18 und neun Löchern südwestlich von Santa Eulària d'es Riu. Obgleich es sich um einen privaten Club handelt, können auch Gäste hier gegen Tagesgebühr spielen. *Green fee* für die 18-Loch-Runde kostet 89 Euro, eine Einzelstunde Training mit dem Golflehrer 40 Euro. *Club de Golf Ibiza, Ctra. Jesús–Cala Llonga, Tel. 971 19 60 52, Fax 971 19 60 51, www.golfibiza.com*

JOGGING

Strände wie die *Platja d'en Bossa* sind zum Joggen verlockend, doch wegen ihres tiefen Sands recht beschwerlich für die Gelenke und nur bedingt zu empfehlen. Besser, man hält sich auf Pisten oder schlägt auf gut Glück unbeschilderte Feld- und Waldwege ein – und davon gibt es reichlich! Auf Formentera folgen geübte Läufer der im Kapitel »Ausflüge & Touren« vorgeschlagenen Wanderstrecke (ab/bis Port de sa Savina ca. 11 km) oder joggen zwischen *Es Pujols* und *Port de sa Savina* Insider Tipp an den Seeufern des *Estany Pudent* (hin und zurück ca. 6 km).

SEGELN

Segel setzen, Pinne in die Hand! Wer die Pityusen von der Seeseite her entdecken will, findet traumhafte Buchten und Ankerplätze. Insider Tipp Siebentägige Segeltörns mit Skipper bietet im Sommer Seebär *Antonio Doria* an, der einige Zehntausend Seemeilen auf dem Buckel hat. Er unterhält kein festes Büro und bietet demzufolge recht günstige Preise. Eine Woche inklusive Verpflegung kostet je nach Monat 650 bis 790 Euro pro Person, an Bord seiner »Tam-Tam« finden bis zu neun Gäste Platz. Infos unter *www.crucerosavela.com, Handy 639 88 15 72 (Spanisch oder Englisch).*

Vermietungen von Segelbooten finden Sie z. B. an der *Marina Botafoc* in Eivissa sowie im *Sporthafen* von Santa Eulària d'es Riu, Segelschulen u. a. an der *Platja d'en Bossa* auf Ibiza *(Anfibios, Tel. 971 30 39 15)* und am *Port de sa Savina* auf Formentera *(Escuela Municipal de Vela, Tel. 971 32 32 95).*

TAUCHEN

Muränen, Barsche, Tintenfische und Kraken, Höhlen und Wracks – die Unterwasserwelt der Pituysen steckt voller Faszinationen! Mit Tagestrips, Nachtausflügen, Tieftauchen, Schnuppertauchen im Pool und Padi-Kursen haben sich auf Ibiza einige Tauchschulen auf die Nachfrage eingestellt. Dazu zählen *Ibiza Diving (Santa Eulària, Marina, local 14, zona 4, Tel. 971 33 29 49, Fax 971 33 28 99, www.ibiza-diving.com)* und die auf deutschsprachige Teilnehmer spezialisierte Schule *Cala Pada (bei Santa Eulària d'es Riu, Tel./Fax 971 33 07 55, www.diving-ibiza.com).* Auf Formentera ist der Port de sa Savina eine gute Anlaufstelle, u. a. mit *Vell Mari (Tel. 971 32 21 05, Fax 971 32 31 98, www.vellmari.com).* Für einen Tauchgang sollten Sie inklusive Ausrüstung, Bootsfahrt und fachlicher Begleitung 40–45 Euro einkalkulieren. Ein Grundkurs *Basic*

Surfen oder lieber schnorcheln?

Diver kostet ab ca. 135, ein Kurs *Openwater Diver* ab ca. 360 Euro.

WANDERN

Zu den überraschenden Seiten der Inseln zählen die vielen Wanderstrecken, die Sie an abgelegene Buchten, Strände und alte Wachtürme heranführen. Viele Routen sind offiziell ausgewiesen, aber mit einer Beschilderung im gewissenhaften Eifelvereinsstil dürfen Sie nicht immer rechnen. So manche Gabelung fordert Instinkt und Orientierungssinn heraus. Gute Anhaltspunkte für Strecken zwischen knapp einem und über 20 km geben kleine Wanderbroschüren, die Sie im Regelfall in den örtlichen Fremdenverkehrsämtern erhalten. Auf Ibiza ist die Besteigung des höchsten Berges *Sa Talaia* (475 m) ein Klassiker, auf Formentera reizt der Seeuferrandweg zwischen *Port de sa Savina* und *Es Pujols*. Manche Wege verlaufen über Stock und Stein und fordern selbst geübten Wanderern ein ordentliches Pensum ab. Es empfiehlt sich stets, Wasser mit sich zu führen.

WASSERSPORT

Über Segeln und Tauchen hinaus werden mancherorts Jetski, Parasailing, Seekajak, Banana-Rides und Wasserski angeboten. Als gute Anlaufstationen gelten auf Ibiza die *Platja d'en Bossa*, die Bucht von *Sant Antoni* und die Strände bei *Santa Eulària* sowie auf Formentera die *Platja de ses Illetes*. Ebenfalls auf Formentera steuern Windsurfer den *Centro Wet four Fun* an der Platja des Pujols an, *Tel./Fax 971 32 18 09, www.wet4 fun.com*. Last but not least die kleine Flaggenkunde für Schwimmer: Grün bedeutet Baden erlaubt, Rot steht für Gefahr.

Wasserparks, Karts Wandern, Höhlen

Spaß und Spannung versprechen nicht allein die Küsten, auch im Inland gibt es viel zu entdecken

Auf den ersten Blick ist Spanien ein kinderfreundliches Land, da machen die Pityusen keine Ausnahme. Schon im Mutterbrustalter gewöhnt man Babys an den lockeren Lebensstil, nimmt sie zu nächtlicher Stunde zu Konzerten mit und in verräucherte Bars. Kinder dürfen fast alles, kaum jemand stört sich am Freudengeschrei. Allerdings geht die Geburtenzahl rapide zurück, denn Vater Staat mauert bei Familienbeihilfen. Kindergeld gibt es, wenn überhaupt, nur für den Nachwuchs bis zu drei Jahren und unter strengen Auflagen.

Für Familienspaß ist in den Wasserparks gesorgt, überall steht Sport hoch im Kurs, eine Höhle wie Can Marçà überrascht mit *special effects*. Merke: Die Inseln bieten weit mehr als nur den Dauerhit Strände!

EIVISSA

Aguamar [121 E5]
In Ibizas größtem Wasserpark ist Spaß auf der ganzen Linie garantiert – ob auf der Gigantenrutsche oder in der Röhrenrutsche. Der strandnah gelegene Wassererlebnispark bringt eine erfrischende Abwechslung ins Beachlife, hat jedoch seinen Preis. Außerdem kosten Liegen extra. Für die Kleineren gibt es einen Spielplatz. *Im Sommer tgl. 10 bis 18 Uhr, Eintritt ca. 15, Kinder ca. 8 Euro, Platja d'en Bossa*

Früh übt sich, was eine echte Strandnixe werden will

Spielplätze in Eivissa [121 E4]
Im Ostteil Eivissas haben sich die Stadtväter Investitionen von der Seele gerungen und ansehnliche Kinderspielplätze samt Klettergeräten und Rutschen anlegen lassen. Hier vergnügen sich die Kleinsten auf einem großen Spielareal nahe dem Casino am *Passeig Joan Carles I*; ein weiteres liegt zwischen der *Marina Botafoc* und dem Leuchtturm. In der Neustadt ist ein recht großer Kinderspielplatz in den *Parc de la Pau* eingefasst, nahe dem Neuen Markt zwischen Carrer de Canàries und Carrer de Balears.

DER WESTEN

Glasbodenboote [120 C2–3]
Ab dem Hafen von Sant Antoni de Portmany starten während der Saison Glasbodenboote. Die Touren erlauben Jung und Alt einen Blick aus ungewohnter Perspektive auf die Unterwasserwelt. An der Hafen-

linie beim *Passeig de ses Fonts* reihen sich unübersehbar mehrere Ticketkioske auf. Exkursionen bietet z. B. *Cruceros Portmany (Tel. 971 34 34 71, www.crucerosportmany.com)* an; zweistündige Ausfahrten kosten 16 Euro für Erwachsene und 8 Euro für Kinder (6–12 Jahre). *Tgl. verschiedene Abfahrtszeiten*

Meereskajak **[121 D5]**
Sa Caleta ist ein beliebter Startplatz für Touren und Kurse der Schule für Meereskajak, *Escuela Ibicenca de Kayak de Mar.* In Anfängerkursen sind Jungen und Mädchen ab 9 Jahren willkommen, nach Absprache veranstaltet man Einführungen auf der ganzen Insel. Ein festes Büro gibt es nicht, Anfragen und Reservierungen unter *Tel./Fax 971 80 40 50, Handy 616 89 65 94, www.ibikayak.com*

Mini Tren Turístico **[120 C2–3]**
In Sant Antoni de Portmany ist der »kleine Touristenzug« bei Familien mit Kindern beliebt. Hier geht's auf eine knapp zweistündige Rundtour durch ländliches Gebiet, Zwischenziel ist Santa Agnès de Corona. Abfahrten nahe dem »Ei des Kolumbus«. *Mai–Okt. tgl. 11, 13 und 16 Uhr, Erwachsene 11, Kinder 6 Euro*

DER NORDEN

Cova de Can Marçà **[118 C2]**
Geheimnisvolle Lichter weisen den Weg vorbei an Tropfsteinen und glucksenden Wasserläufen – doch nicht alleine das begeistert die Jüngsten. Vorhang auf für das Höllenspektakel in der Höhle, der Clou kommt auf Knopfdruck: Zwischen Felsen stürzt plötzlich ein Wasserfall hinab, das Rauschen wird mit dramatischer Musik vom Band und zuckenden Lichtern unterlegt. Die Cova de Can Marçà liegt bei Port de Sant Miquel, die Anfahrt bis zum großen Parkplatz ist beschildert. *Ganzjährig tgl. 10.30 Uhr bis zum Sonnenuntergang (d.h. im Winter ca. 17.30 Uhr), im Sommer in der Regel 10.30–19.30 Uhr, nur mit Führungen, Eintritt 7 Euro, Kinder (4–12 Jahre) 4 Euro*

Escuela de Equitación Can Mayans **[118 C3]**
Reitschule auf dem 15 000 m^2 großen Fincagelände von Can Mayans, ganzjährig geöffnet. Reitstunden für Kinder ab acht Jahren, individuell oder in der Gruppe. Ausritte für geübte Reiter. *Ctra. Santa Gertrudis de Fruitera–Sant Llorenç de Balàfia (ausgeschilderter Abzweig), Tel. 971 18 73 88*

DER OSTEN

Easy Rider **[119 D5]** Insider Tipp
Kleiner Reiterhof am Ortsrand von Cala Llonga, der über fünf Pferde und ein Pony verfügt. Ausritte auch für Ungeübte in Minigruppen, wahlweise 50 Minuten (20 Euro) oder 1 Stunde und 40 Minuten (40 Euro). Für Kopfschutz wird nicht extra kassiert, Stallmeister Juan Luis spricht auch Deutsch. Die Kleinsten können eine zehnminütige Ponyrunde auf dem Hof drehen (10 Euro). Ganzjährig geöffnet, außerhalb der Saison Termine am besten nach telefonischer Vereinbarung. *Camí d'en Serra, Tel. 971 19 65 11*

Go-Karts Santa Eulalia **[121 F3]**
Hier stehen die verschiedensten Modelle zur Wahl – ein allerdings nicht ganz preiswertes Vergnügen.

Überall auf der Welt der Strandklassiker: Sandburgen bauen

Für eine siebenminütige Fahrt müssen Sie mit folgenden Tarifen rechnen: Kinderkart 5,50, Super-Kinderkart 7,50, Zweisitzerkart 9, Erwachsenenkart 10, Zweisitzer »Speedy« 20 Euro. Jeweils 5 Minuten ist man mit dem Babykart (3 Euro) und mit dem Miniquad (4 Euro) unterwegs. *März–Okt. tgl. 10 bis 21.30 Uhr, sonst nur an den Wochenenden, Ctra. Eivissa–Santa Eulària, km 6, Tel. 971 31 77 44, www.gokartssantaeulalia.com*

Tauchcenter Cala Pada **[119 E4]**

Die zwischen Santa Eulària d'es Riu und Es Canar gelegene deutschsprachige Tauchschule bietet Kindertauchen für Jungen und Mädchen ab acht Jahren an. Ein Einführungskurs führt spielerisch an Theorie und Praxis heran, die Ausrüstung ist bis hin zu den Mundstücken altersgemäß abgestimmt. *Tel./Fax 971 33 07 55, www.diving-ibiza.com, info@diving-ibiza.com*

FORMENTERA

Die Strände bieten nicht das einzige Potenzial für Kinder. Ab *Port de sa Savina* starten im Sommer Bootsausflüge. Außerdem bieten sich kleine Wandertouren an den Ufern des *Estany Pudent* und des *Estany des Peix* an. Immer wieder kann der Familienverbund nach Vögeln Ausschau halten; Fernglas nicht vergessen! Spannend wird es am *Cap de Barbaria* mit dem Leuchtturm und dem steinigen Weg zum nahen Wachturm *Torre des Garroveret*. Einen weiteren Wanderabstecher lohnt die einsame *Torre Sa Gavina* an der Westflanke der Insel – als Ausgangspunkt wählen Sie die *Area Recreativa Can Marroig*, ein nettes Picknickareal, wo Sie den Nachwuchs nach Ihrer Rückkehr an einem der Holztische im schattigen Kiefernforst mit Broten und Limo belohnen können. Außerdem gibt's eine Grillstelle und Kinderspielgerät.

Insider Tipp

Angesagt!

Was Sie wissen sollten über Trends, die Szene und Kuriositäten auf Ibiza und Formentera

Musik made in Spain

Es müssen nicht immer House, Techno oder englische Texte sein. Im Trend liegen spanische Songs von spanischen Bands: ob *Efecto Mariposa* oder *Oreja de van Gogh* (»van Goghs Ohr«). Auch das Männerduo *Estopa*, *Las Ketchup* und die wiedererwachte Band *Mecano* sind in. Für gesangliche Frauenpower stehen *Merche* und vor allem *Chenoa*.

Körperschmuck

In Tattoo- und Piercingstudios zaubert man phantasievolle Gebilde an alle erdenklichen Körperstellen.

Die Hygiene in den Studios entspricht den Standards. Statt Schlange oder Tiger für die Ewigkeit entscheiden sich Newcomer zunächst für eine Sitzung Bodypainting.

Topfit

Muckibuden heißen hier *gimnasios* und halten die Insulaner das ganze Jahr auf Trab. Hier stählen sie ihren Bizeps, hier läuft der Schweiß bei gemeinsamen Trainingsprogrammen in Strömen. Weit gefehlt, wer in den Fitnessstudios vorwiegend die Herren der Schöpfung vermutet. Frauen machen an Geräten, auf Steppern und Standfahrrädern eine mindestens ebenso gute Figur.

Fußball in der Kneipe

Auch wenn es auf den Pityusen kein Erstligateam gibt, bestimmt der Fußball das (Männer-)Leben. Zumindest samstags- und sonntagsabends, wenn die Kanäle TVE und Canal Plus die besten Ligaspiele live übertragen. Dann trifft man sich in der Bar, leidet bei Bier und Wein mit den Rasenhelden mit und lässt beim Torschrei die Gläser erbeben. Viele Einheimische drücken *Barça* die Daumen, dem FC Barcelona, der 2006 die Champions League gewann.

Partytime

Obgleich es einige ganzjährig geöffnete Diskos gibt, beginnt man auf Ibiza erst Ende April/Anfang Mai sich warm zu laufen. Dann eröffnen manche Locations, doch die echten großen Opening-Partys steigen erst im Juni. Passend zum Saisonabschluss: die Closing-Partys im September/Oktober. Formentera mag die Beschauliche mimen, doch an Sommerabenden gibt es an den Stränden kein Halten mehr.

Von Anreise bis Zoll

Hier finden Sie kurz gefasst die wichtigsten Adressen und Informationen für Ihre Reise nach Ibiza und Formentera

ANREISE

Seit dem Boom der Billigfluglinien ist Ibiza preisgünstiger erreichbar. Als populärster Low-Cost-Carrier empfiehlt sich *Air Berlin* mit Flügen ab diversen deutschen Flughäfen, entweder nonstop oder via Palma de Mallorca. Inklusive Steuern, Kerosinzuschlag und Gebühren kostet die einfache Strecke ab 69 Euro, Buchungen am besten direkt per Internet *(www.airberlin.com)* oder unter der Servicehotline: *Tel. 01805/73 78 00 (in Deutschland), 0820/73 78 00 (in Österreich), 0848/73 78 00 (in der Schweiz).* Ausgewähltes Sportgepäck wird bei *Air Berlin* kostenlos befördert.

Ein Flug nach Ibiza dauert je nach Startort etwa zweieinhalb bis drei Stunden. Auf der Insel liegt der internationale Flughafen etwa 6 km südwestlich der Hauptstadt Eivissa; Zubringer in die City entweder mit dem Taxi oder zu günstigem Preis mit dem regelmäßig verkehrenden Linienbus. Formentera hingegen ist nicht ans Flugnetz angeschlossen; ab dem Hafen von Eivissa herrscht täglich reger Boots- und Fährverkehr (Personen und Fahrzeuge).

Wer sich über Land Richtung Zielgebiet aufmacht, steuert am besten Barcelona an: ob mit dem Zug *(http://reiseauskunft.bahn.de)*, den Europabussen *(www.deutsche-touring.de)* oder dem eigenen Fahrzeug. Ab Barcelona bestehen regelmäßige Fährverbindungen nach Eivissa *(www.trasmediterranea.es)*, außerdem ab Dénia und València.

AUSKUNFT

Spanisches Fremdenverkehrsamt

– Kurfürstendamm 63, 10707 Berlin, Tel. 030/882 65 43, Fax 882 66 61, berlin@tourspain.es
– Grafenberger Allee 100 (Kutscherhaus), 40237 Düsseldorf, Tel. 0211/680 39 81, Fax 680 39 85, dusseldorf@tourspain.es
– Myliusstr. 14, 60323 Frankfurt/Main, Tel. 069/72 50 38, Fax 72 53 13, frankfurt@tourspain.es
– Postfach 151940, 80051 München, Tel. 089/530 74 60, Fax 53 07 46 20, munich@tourspain.es
– Walfischgasse 8, 1010 Wien, Tel. 01/512 95 80, Fax 512 95 81, viena@tourspain.es
– Seefeldstr. 19, 8008 Zürich, Tel. 044/253 60 50, Fax 252 62 04, zurich@tourspain.es

Infos vor Ort in den Tourismusbüros auf Ibiza (Eivissa, Sant Antoni, Santa Eulària) sowie am Hafen von Sa Savina auf Formentera (siehe in den Regionenkapiteln unter »Auskunft«).

AUTO

Fahren Sie defensiv, stellen Sie sich auf kurvenreiche Strecken und – abseits der gut ausgebauten Hauptstraßen – auf Rumpelpisten ein, die zum Strand oder zum Landhotel führen. Zur Hochsaison kann Parken in den Städten zum Problem werden, achten Sie stets auf die blau markierten gebührenpflichtigen Zonen sowie auf gelbe Randmarkierungen (Parken verboten). Kleinere Orte wie z. B. Santa Agnès de Corona haben sich mit großen Parkflächen auf die sommerlichen Zuströme eingestellt.

Verkehrsbestimmungen: Die Promillegrenze liegt bei 0,5, es herrscht Anschnallpflicht und Handyverbot, zwei Warndreiecke und eine reflektierende Schutzweste müssen im Auto, Radio und Handy beim Tanken ausgeschaltet sein. Höchstgeschwindigkeit innerorts 50 sowie auf Landstraßen – je nach Beschilderung – 90 bzw. 100 km/h.

BANKEN & KREDITKARTEN

Öffnungszeiten der Banken: *Mo–Fr 9–14 Uhr.* Es gibt Geldautomaten für EC- oder Kreditkarten, gängige Kreditkarten sind weit verbreitet.

CAMPING

Camping spielt eine absolut untergeordnete Rolle. Auf Ibiza gibt es nur einige wenige, auf Formentera keinen einzigen Campingplatz. Info im Net: *www.infocamping.com.*

DIPLOMATISCHE VERTRETUNGEN

Deutsches Honorarkonsulat
C/. Antoni Jaume, 2, Eivissa, Tel. 971 31 57 63, www.embajada-alemania.es

Österreichisches Honorarkonsulat
C/. Sindicato, 69, Despacho Jaime Lamas & Asociados, Palma de Mallorca, Tel. 971 72 80 99, www.bmaa.gv.at

Schweizer Konsulat
Gran Vía Carles III, 94, 7. Stock, Barcelona, Tel. 93 409 06 50, www.eda.admin.ch/eda/g/home.html

FÄHREN

Zwischen Eivissa und Formenteras Hafen Port de sa Savina pendeln täglich Schiffe, die 25 (Schnellboote) bzw. 60 Min. (Fähren) brauchen. Preise: 18,50 Euro pro Person und Strecke für die Schnellboote, 12 Euro für die Fähre. Fahrplan- und Tarifinformation unter *www.balearia.com*. Dank der vielen Verbindungen können Sie nach Formentera zu einem Tagesausflug in See stechen.

FKK

Auf Ibiza ist die nahe der Salinen im Inselsüden gelegene *Platja d'es Cavallet* beliebt, auf Formentera suchen sich FKK-Anhänger an der *Platja de Llevant* ihr Plätzchen. Oben ohne ist sowieso verbreitet.

GESUNDHEIT

Mit der Europäischen Gesundheitskarte ist eine unentgeltliche medizinische Versorgung gewährleistet. Allerdings ist das spanische Gesundheitssystem nicht das beste, so gibt es z. B. keine freie Arztwahl. Angeraten sei deshalb eine private Auslandskrankenversicherung. Deutsche Sprachkenntnisse dürfen Sie von den Medizinern nicht erwarten.

Das Leitungswasser ist genießbar, aber stark gechlort; Empfindliche setzen deshalb immer auf Mineralwasser.

INTERNET

Mittlerweile haben viele Hotels und Landhäuser ihre eigenen Homepages. Hier einige wichtige Seiten:
www.cief.es – Infos vom Inselrat
www.ibiza-spotlight.com – zur Insel Ibiza (Sport, Nightlife, Strände etc.)
www.e-ibiza.de – gute, aktuelle Infos und Tipps auf Deutsch
www.eivissa.de – Ausflüge, Nightlife, Kultur, Tipps; auf Deutsch
www.megustaibiza.com – hier findet man gute Links
www.eivissa.org – Infos zu Ibiza-Stadt; auf Spanisch oder Englisch
www.touribisport.com – alles, was mit Sport auf den Inseln zu tun hat
www.sanjose-ibiza.net – zu Sant Josep de sa Talaia
www.santaeulalia.net – zu Santa Eulària d'es Riu
www.santantoni.net – zu Sant Antoni de Portmany
www.tourspain.es – allgemeine Infos zu Spanien; auf Deutsch
www.illesbalears.es – zu den Balearen; auch auf Deutsch
www.formentera.es – zu Formentera, auch auf Deutsch
www.formenteraonline.com – Adressen und Infos zu Formentera

INTERNETCAFÉS

In den Internetcafés kostet eine halbe Stunde im Web 1,50–2 Euro, eine ganze Stunde 2,50–3 Euro.

Chill Internet Café **[U B5]**
Eivissa, Via Punica 49, Tel. 971 39 97 36

Internet & Locutorio **[119 D4]**
Santa Eulària d'es Riu, C/. de M. Riquer Wallis, 2, Tel. 971 33 19 69

Café Formentera **[122 C4]**
Es Pujols, C/. Espalmador, 98, Tel. 971 32 88 06

KLIMA & REISEZEIT

Um die 300 Sonnentage pro Jahr sprechen eine deutliche Sprache: Die Pituysen sind ein Reiseziel für jede Jahreszeit! Dank fehlender größerer Gebirgsmassen herrscht auf den Inseln ein durchweg ausgeglichenes Klima. Selbst im Winter können Sie durchschnittlich fünf bis sechs Sonnenstunden pro Tag genießen. Im Sommer übersteigt die Quecksilbersäule gelegentlich die 30-Grad-Marke, in den Hauptferienmonaten Juli und August geht es in jeglicher Hinsicht hitzig zu.

MIETWAGEN

Angebot und Nachfrage regeln das Geschäft. Während die Wochenmietpreise im Winter bereits bei ca. 100 Euro beginnen (z. B. bei *Centauro, www.centauro.net*), schlagen sie im Sommer günstigstenfalls mit 190 Euro zu Buche. Je nach Nachfrage können die Tarife auch deutlich darüber liegen. Die geplante Mietwagensteuer auf den Balearen wird die Preise weiter in die Höhe treiben. Gute Vergleichsmöglichkeiten bieten *Holiday Autos (www.holidayautos.de)* und *Auto Europe (www.autoeurope.de)*.

Auf Ibiza finden Sie die größte Auswahl an Verleihern direkt am Flughafen, auf Formentera rund um den Port de sa Savina. Wegen möglicher Engpässe vor Ort sollten Sie den gewünschten Wagen von daheim aus buchen. Die Tarife schließen meist unbegrenzte Kilometer, Mehrwertsteuer (IVA) und Basisversicherung mit ein. Bei Kindersitzen oder eingetragenem zweitem Fahrer müssen Sie mit geringen Aufpreisen rechnen. Das geforderte Mindestalter des Fahrers liegt meist bei 21 Jahren. Der normale nationale Führerschein reicht aus. Angebote für Mietwagen finden Sie auch im Internet unter *www.marcopolo.de*.

NOTRUF

Allgemeine Notfälle: *Tel. 112*
Nationalpolizei: *Tel. 091*
Städtische Polizei: *Tel. 092*

ÖFFENTLICHE VERKEHRSMITTEL

Die Busnetze auf beiden Inseln sind gut ausgebaut, die Fahrten preiswert. In der Regel druckt die Tageszeitung »Diario de Ibiza« die aktuellen Fahrpläne ab, Infos auch unter *www.ibizabus.com.* Frequentierte Strecken ab Eivissa sind folgende: Flughafen *(Aeropuerto)*, Platja d'en Bossa, Santa Eulària, Sant Antoni und Sant Rafel. Auf Formentera geht es ab dem Hafenort Sa Savina unter anderem nach Es Pujols, Sant Ferràn und Sant Francesc.

POST

Briefe bis 20 g und Postkarten in EU-Länder sowie in die Schweiz brauchen nur wenige Tage Laufzeit und kosten derzeit 0,57 Euro. Briefmarken sind nicht nur in den Postämtern, sondern auch in Tabakläden *(tabacos)* erhältlich.

PREISE & WÄHRUNG

Unter dem Einfluss des Euro-Teuro hat sich das Preisniveau auf den Inseln mittlerweile mitteleuropäischen Standards angeglichen, in Einzelfällen sogar übertroffen! Die Einfuhr der meisten Waren auf dem See- oder Luftweg verteuert das Ganze, wie sich beim Blick in die Regale von lokalen Supermärkten zeigt. Cocktails, Diskoeintritte, Automiete und abendliche Restaurantbesuche verschlingen bei manchen mehr vom Urlaubsbudget als geplant. Dagegen sind Busfahrten und Benzin vergleichsweise billig, auch Mittagsmenüs in einfachen Restaurants äußerst erschwinglich. Frisches Obst und Gemüse bekommen Sie recht günstig auf den Wochenmärkten.

STROM

Praktisch überall kommt der Strom mit 220 Volt aus der Dose, normale Stecker.

TELEFON & HANDY

Internationale Gespräche erfordern die Vorwahl 00. Danach folgen die Landeskennzahl (49 für Deutschland, 43 für Österreich, 41 für die Schweiz), die Vorwahl der Stadt ohne 0 und die Teilnehmernummer. Vorwahl für Spanien: 0033. Alternative zu den oftmals schlecht gewarteten Telefonzellen der Gesellschaft *Telefónica* sind private Fernsprechzentren *(locutorios)*, von wo Sie mitunter schon ab 20 Cent pro Gesprächsminute in ein EU-Land telefonieren können, und das ist wesentlich billiger als aus einer Kabine! Ihr eigenes Handy können Sie in Spanien problemlos benutzen. Vor Ort wählt es automatisch den frequenzstärksten Netzbetreiber aus, nimmt dabei auf den Preis allerdings keine Rücksicht.

Was kostet wie viel?

Busfahrt	**1,50 Euro** Flughafen–Eivissa
Kaffee	**ab 1 Euro** kleiner Kaffee in der Bar
Softdrink	**1,50–2 Euro** in der Bar
Museum	**2,50–3 Euro** Eintritt für eine Person
Benzin	**1,05 Euro** ein Liter Normal
Tagesmenü	**ab 8 Euro** mittags im einfachen Restaurant

TRINKGELD

In Restaurants sind 5–10 Prozent der Gesamtsumme üblich, vorausgesetzt, Sie waren zufrieden. In Bars rundet man den Betrag allenfalls ein wenig auf. Die Spanier selbst zeigen sich gemeinhin nicht allzu großzügig beim Trinkgeld. Kein Trinkgeld für Taxifahrer.

UNTERKUNFT

Die Palette der Unterkünfte reicht vom einfachen Gasthaus *(hostal)* über das Appartementhotel *(aparthotel)* bis zum rundum luxuriösen Hotel *(hotel)*, in dem Sie sich unter fünf Sternen betten. Achten Sie darauf, ob der angegebene Preis das

Frühstück und den verminderten Mehrwertsteuersatz in Höhe von 7 Prozent (IVA) enthält. Dazu gibt es keine einheitliche Regelung.

Auf dem Vormarsch befindet sich der »Tourismus auf dem Land« – unter diesem Titel hat der Inselrat eine auch auf Deutsch erhältliche Broschüre herausgebracht, die ansprechende Landhotels bündelt. Diese Unterkünfte zählen allerdings fast durchweg zur Hochpreiskategorie.

Während auf Formentera eher kleinere Beherbergungsbetriebe üblich sind, werden Sie auf Ibiza auch so manch abstoßenden Hotelkasten sehen. Im Internet können Sie unter *www.ibiza-hotels.com* Informationen zu Unterkünften auf Ibiza abrufen. Achtung: Viele Hotels schließen in der Nebensaison komplett!

ZEITUNGEN

Deutschsprachige Zeitungen sind meist am Tag ihres Erscheinens erhältlich. Besucher mit Spanischkenntnissen werfen einen Blick in die in Eivissa erscheinende Tageszeitung »Diario de Ibiza« (auch gute Homepage: *www.diariodeibiza.es*). Infos, aktuelle Storys und den Blick auf wichtige Veranstaltungstermine bietet das deutschsprachige Monatsmagazin »Ibiza heute« (ebenfalls guter Internetauftritt unter *www.ibiza-heute.de*).

ZOLL

Innerhalb der EU dürfen alle Waren für den persönlichen Gebrauch frei ein- und ausgeführt werden, u. a. 800 Zigaretten, 10 l Spirituosen und 90 l Wein.

Wetter auf Ibiza

	Jan.	Feb.	März	April	Mai	Juni	Juli	Aug.	Sept.	Okt.	Nov.	Dez.
Tagestemperaturen in °C	15	15	17	19	22	25	28	29	27	23	19	16
Nachttemperaturen in °C	8	7	9	11	14	18	21	22	20	16	12	9
Sonnenschein Std./Tag	6	6	7	8	10	11	12	11	8	6	5	5
Niederschlag Tage/Monat	5	4	3	4	2	2	0	1	3	7	6	5
Wassertemperaturen in °C	14	13	14	15	17	21	24	25	24	21	18	14

Parles català?

»Sprichst du Katalanisch?«
Dieser Sprachführer hilft Ihnen, die wichtigsten Wörter und Sätze auf Katalanisch zu sagen

Hinweise zur Aussprache:

c	wie »s« vor »e«, »i« (z. B. Barcelona); wie »k« vor »a«, »o« und »u« (z. B. Casa)
ç	wird als »s« gesprochen (z. B. França)
g	wie in »Genie« vor »e«, »i«; wie »g« vor »a«, »o« und »u«
l·l	wird als »l« gesprochen
ny	wie das »gn« in »Champagner« (z. B. Catalunya)
que/qui	das »u« ist immer stumm, wie deutsches »k« (z. B. perquè)
v	am Wortanfang und nach Konsonant wie »b« (z. B. València)
x	wird gesprochen wie das deutsche »sch« (z. B. Xina)

AUF EINEN BLICK

Ja. / Nein. / Vielleicht.	Sí. / No. / Potser.
Bitte. / Danke.	Sisplau. / Gràcies.
Entschuldigen Sie!/Entschuldige!	Perdoni./Perdona.
Wie bitte?	*(Sie)* Com diu?/ *(du)* Com dius?
Ich verstehe Sie/dich nicht.	No l'entenc. / No t'entenc.
Ich spreche nur wenig (Katalanisch).	Parlo només una mica (de català).
Sprechen Sie Deutsch/Englisch?	Parla alemany/anglès?
Können Sie mir bitte helfen?	Pot ajudar-me, sisplau?
Ich möchte ...	Voldria...
Haben Sie ...?	Té...?
Wie viel kostet es?	Quant val?
Wie viel Uhr ist es?	Quina hora és?

KENNENLERNEN

Guten Morgen!	Bon dia!
Guten Tag!	Bon dia! (Bona tarda.)
Guten Abend!	Bona nit!

Hallo! / Grüß dich!	Hola, què hi ha?
Wie geht es Ihnen/dir?	Com va?
Danke. Und Ihnen/dir?	Gràcies, i vostè? / i tu?
Auf Wiedersehen!	Adéu. Passi-ho bé.
Tschüs!	Adéu!

UNTERWEGS

Auskunft

links / rechts	a l'esquerra / a la dreta
geradeaus	tot recte
nah / weit	a prop / lluny
Bitte, wo ist ...?	Sisplau, on és...?
Wie weit ist das?	És molt lluny això?
Gibt es öffentliche Verkehrsmittel dorthin?	S'hi pot anar amb mitjans de transport públic?
Wie komme ich dorthin?	Com s'hi va?
Zum Hotel, bitte.	A l'hotel, sisplau.
Zum Bahnhof.	A l'estació.
Zum Flughafen.	A l'aeroport.
Ich möchte ... mieten.	Voldria llogar ...
... ein Auto ...	... un cotxe.
... ein Fahrrad ...	... una bicicleta.
... ein Motorrad ...	... una moto.

Panne

Ich habe eine Panne.	Tinc una avaria.
Würden Sie mir bitte einen Abschleppwagen schicken?	Poden enviar-me sisplau una grua?
Gibt es hier in der Nähe eine Werkstatt?	Hi ha per aquí a prop un taller?

Tankstelle

Wo ist bitte die nächste Tankstelle?	On és la gasolinera més propera, sisplau?
Ich möchte ... Liter ...	Voldria ... litres de ...
... Normalbenzin.	... Gasolina normal.
... Super.	... Súper.
... Diesel.	... Diesel.
... bleifrei / mit Blei.	... sense plom / ... amb plom.
Volltanken, bitte.	Ple, sisplau.

Unfall

Hilfe!	Ajuda!
Achtung!	Compte!
Rufen Sie bitte schnell ...	Truqui sisplau de pressa ...
... einen Krankenwagen.	... a una ambulància.

… die Polizei.	… a la policia.
… die Feuerwehr.	… als bombers.
Haben Sie Verbandszeug?	Té benes?
Es war meine Schuld.	Ha estat culpa meva.
Es war Ihre Schuld.	Ha estat culpa seva.
Geben Sie mir bitte Ihren Namen und Ihre Anschrift!	Pot donar-me el seu nom i la seva adreça, sisplau!

ESSEN/UNTERHALTUNG

Wo gibt es hier …	On hi ha per aquí a prop …
… ein gutes Restaurant?	… un bon restaurant?
… ein nicht zu teures Restaurant?	… un restaurant no massa car?
… ein typisches Restaurant?	… un restaurant típic?
Gibt es hier eine gemütliche Kneipe?	Hi ha per aquí a prop algun bar bonic?
Reservieren Sie uns bitte für heute Abend einen Tisch für vier Personen.	Reservi sisplau per avui al vespre una taula per a quatre persones.
Könnte ich bitte … haben?	Podria portar-me …
… ein Messer …	… un ganivet?
… eine Gabel …	… una forquilla?
… einen Löffel …	… una cullera?
Auf Ihr Wohl!	Salut.
Bezahlen, bitte.	El compte, sisplau.
Bitte alles zusammen.	Cobri-ho tot junt, sisplau.
Getrennte Rechnungen, bitte.	Per separat, sisplau.
Hat es geschmeckt?	Els ha agradat?
Das Essen war ausgezeichnet.	El menjar era excel·lent.

EINKAUFEN

Wo finde ich …?	On hi ha …?
… eine Apotheke	… una farmàcia
… eine Bäckerei	… un forn
… ein Fotogeschäft	… una botiga de fotos
… ein Einkaufszentrum	… un supermercat
… ein Lebensmittelgeschäft	… una botiga de queviures
… einen Markt	… un mercat

ÜBERNACHTUNG

Können Sie mir bitte … empfehlen?	Em pot recomanar …, sisplau?
… ein gutes Hotel …	… un bon hotel
… eine Pension …	… una pensió

Haben Sie noch …	Tenen encara …
… ein Einzelzimmer?	… una habitació senzilla?
… ein Zweibettzimmer?	… una habitació doble?
… mit Bad?	… amb bany?
… für eine Nacht?	… per una nit?
… für eine Woche?	… per una setmana?

PRAKTISCHE INFORMATIONEN

Arzt

Können Sie mir einen guten Arzt empfehlen?	Em pot recomanar un bon metge?
Ich habe hier Schmerzen.	Em fa mal aquí.
Ich habe …	Tinc …
… Durchfall.	… diarrea.
… Fieber.	… febre.
… Husten.	… tos.

Post

Was kostet …	Quant val …
… ein Brief …	… una carta …
… eine Postkarte …	… una postal …
… nach Deutschland?	… a Alemanya?
Eine Briefmarke, bitte.	Un segell, sisplau.

ZAHLEN

0	zero	20	vint
1	un/una	21	vint-i-u/vint-i-una
2	dos/dues	22	vint-i-dos/vint-i-dues
3	tres	30	trenta
4	quatre	40	quaranta
5	cinc	50	cinquanta
6	sis	60	seixanta
7	set	70	setanta
8	vuit	80	vuitanta
9	nou	90	noranta
10	deu	100	cent
11	onze	200	dos-cents/dues-centes
12	dotze	1 000	mil
13	tretze	2 000	dos mil/dues mil
14	catorze	10 000	deu mil
15	quinze	1000 000	un milió
16	setze		
17	disset	1/2	mig
18	divuit	1/3	un terç
19	dinou	1/4	un quart

Reiseatlas Ibiza/Formentera

Die Seiteneinteilung für den Reiseatlas finden Sie auf dem hinteren Umschlag dieses Reiseführers

Kartenlegende Reiseatlas

Autobahn · Gebührenpflichtige Anschlussstelle · Gebührenstelle · Anschlussstelle mit Nummer · Rasthaus mit Übernachtung · Raststätte · Kleinraststätte · Tankstelle · Parkplatz mit und ohne WC	Trento · 11 · P P	Motorway · Toll junction · Toll station · Junction with number · Motel · Restaurant · Snackbar · Filling-station · Parking place with and without WC
Autobahn in Bau und geplant mit Datum der Verkehrsübergabe	Datum · Date	Motorway under construction and projected with completion date
Zweibahnige Straße (4-spurig)		Dual carriageway (4 lanes)
Fernverkehrsstraße · Straßennummern	14 · E45	Trunk road · Road numbers
Wichtige Hauptstraße		Important main road
Hauptstraße · Tunnel · Brücke		Main road · Tunnel · Bridge
Nebenstraßen		Minor roads
Fahrweg · Fußweg		Track · Footpath
Wanderweg (Auswahl)		Tourist footpath (selection)
Eisenbahn mit Fernverkehr		Main line railway
Zahnradbahn, Standseilbahn		Rack-railway, funicular
Kabinenschwebebahn · Sessellift		Aerial cableway · Chair-lift
Autofähre		Car ferry
Personenfähre		Passenger ferry
Schifffahrtslinie		Shipping route
Naturschutzgebiet · Sperrgebiet		Nature reserve · Prohibited area
Nationalpark, Naturpark · Wald		National park, natural park · Forest
Straße für Kfz. gesperrt		Road closed to motor vehicles
Straße mit Gebühr		Toll road
Straße mit Wintersperre	XII-II	Road closed in winter
Straße für Wohnanhänger gesperrt bzw. nicht empfehlenswert		Road closed or not recommended for caravans
Touristenstraße · Pass	Weinstraße · 1510	Tourist route · Pass
Schöner Ausblick · Rundblick · Landschaftlich bes. schöne Strecke		Scenic view · Panoramic view · Route with beautiful scenery
Heilbad · Schwimmbad		Spa · Swimming pool
Jugendherberge · Campingplatz		Youth hostel · Camping site
Golfplatz · Sprungschanze		Golf-course · Ski jump
Kirche im Ort, freistehend · Kapelle		Church · Chapel
Kloster · Klosterruine		Monastery · Monastery ruin
Schloss, Burg · Schloss-, Burgruine		Palace, castle · Ruin
Turm · Funk-, Fernsehturm		Tower · Radio-, TV-tower
Leuchtturm · Kraftwerk		Lighthouse · Power station
Wasserfall · Schleuse		Waterfall · Lock
Bauwerk · Marktplatz, Areal		Important building · Market place, area
Ausgrabungs- u. Ruinenstätte · Bergwerk		Arch. excavation, ruins · Mine
Dolmen · Menhir · Nuraghen		Dolmen · Menhir · Nuraghe
Hünen-, Hügelgrab · Soldatenfriedhof		Cairn · Military cemetery
Hotel, Gasthaus, Berghütte · Höhle		Hotel, inn, refuge · Cave
Kultur		**Culture**
Malerisches Ortsbild · Ortshöhe	WIEN (171)	Picturesque town · Elevation
Eine Reise wert	★★ MILANO	Worth a journey
Lohnt einen Umweg	★ TEMPLIN	Worth a detour
Sehenswert	Andermatt	Worth seeing
Landschaft		**Landscape**
Eine Reise wert	★★ Las Cañadas	Worth a journey
Lohnt einen Umweg	★ Texel	Worth a detour
Sehenswert	Dikti	Worth seeing
Ausflüge & Touren		**Excursions & tours**

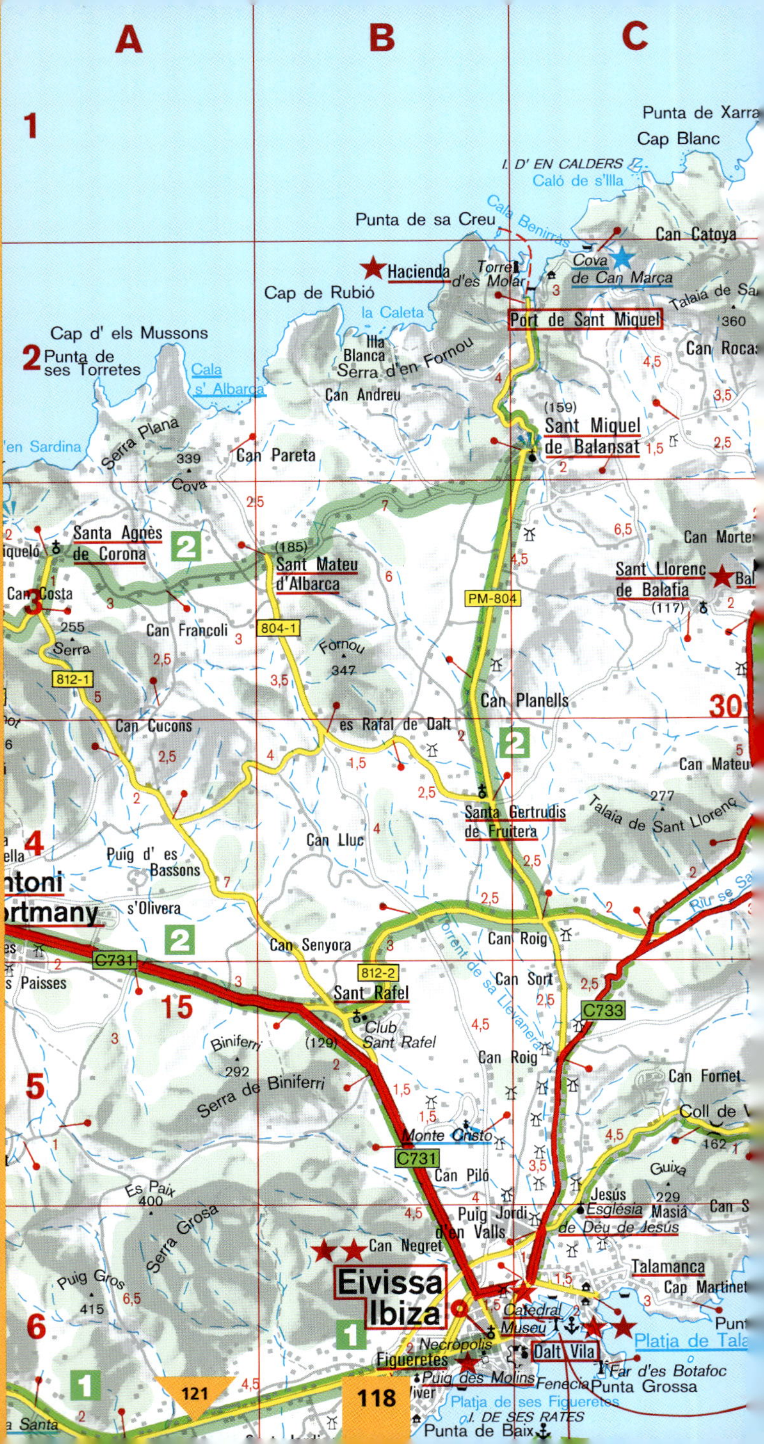
A
B
C
1
2
3
4
5
6
Punta de Xarraca
Cap Blanc
I. D' EN CALDERS
Caló de s'Illa
Cala Benirràs
Punta de sa Creu
Can Catoya
Cova de Can Marça
Hacienda
Torre d'es Molar
Cap de Rubió
la Caleta
Port de Sant Miquel
Talaia de Sant Vicent
360
Cap d' els Mussons
Punta de ses Torretes
Cala s' Albarca
Illa Blanca
Serra d'en Fornou
Can Andreu
Can Rocas
(159)
Sant Miquel de Balansat
Serra Plana
339
Cova
Can Pareta
Santa Agnès de Corona
(185)
Sant Mateu d'Albarca
Can Morte
Sant Llorenç de Balafia
(117)
Can Costa
255
Serra
Can Francolí
804-1
PM-804
Fornou
347
812-1
Can Planells
30
Can Cucons
es Rafal de Dalt
Can Mateu
277
Talaia de Sant Llorenç
Santa Gertrudis de Fruitera
Can Lluc
Puig d' es Bassons
Sant Antoni de Portmany
s'Olivera
Riu de Santa Eulària
Can Senyora
Can Roig
C731
Paisses
812-2
Sant Rafel
Can Sort
15
Club Sant Rafel
(129)
C733
Biniferri
292
Serra de Biniferri
Torrent de sa Llavanera
Can Roig
Can Fornet
Coll de
162
Monte Cristo
C731
Can Piló
Guixa
229
Es Paix
400
Serra Grosa
Jesús
Església de Déu de Jesús
Masià
Can S
Puig Jordi d'en Valls
Can Negret
Talamanca
Eivissa
Ibiza
Puig Gros
415
Catedral
Museu
Cap Martinet
Punta
Platja de Talamanca
Necròpolis
Figueretes
Dalt Vila
Far d'es Botafoc
Puig des Molins
Fenecia
Punta Grossa
121
Platja de ses Figueretes
I. DE SES RATES
Punta de Baix
Santa

D
E
F
1
2
3
4
5
6
2km
Platja d'es Port
Cala de Portinatx
Punta de sa Galera
Punta d'es Gat
Punta Marés
Portinatx
Cala Xarraca
Cala d'en Serra
Raco de sa Talaia
sa Punta Verde
SES FORMIGUES
Ca sa Viuda
Ses Caletes
Cala del Jonc
Talaia de Sant Vicent
303
Cova d'es Culleran
Clot d'es Llamp
Sant Joan de Labritja
(196)
(73)
Sant Vicent de sa Cala
PM-811
Cala de Sant Vicent
Punta Grossa
Cala de Sant Vicent
Serra de Sant Vicent
C733
es Fornás
410
Can Toni Lluca
Platja d'es Figueral
es Figueral
PM-810
Ximaina
ILLOT DE S' HORT
ILLA DE TAGOMAGO
Punta Verde
Cala d'es Pou
d'es Lleó
Punta d'en Valls
Can Sixlles
Sant Carles
(74)
230
Talaia de Sant Carles
Can Pere
Can Jordi
Can Fulgencio
Cala de Boix
Cap Roig
Mina de Plomo
Cala Mastella
Club Cala Llenya
s'Argentera
La Joya
Punta d'en Ribes
Can Pep Marí
Cala Llenya
Cala Nova
Cala Nova
es Canar
Platja d'es Canar
Can Canto
Ribas
218
Cala Pada
s'Argamassa
Punta Arabí
Punta Arabí
Església d'es Puig de Missa
Cala Pada
Punta d' es Faralló
I. DE SANTA EULÀRIA
I. REDONA
PM-810
Platges de Sta. Eulària
Santa Eulària des Ríu
la Siesta
Los Arboles
Can Joan Amat
Punta Blanca
Cala Llonga
810-1
Punta Rotja
C. Llonga
Puig de ses Torretes
218
Cap Llibrell
Roca Llisa
Sol d'en Serrà
Cala Olivera
Cala d' Espart
Barcelona 8-10h
Palma de Mallorca 2½-4½h
Mar Mediterrània

123

A
B
C
1
2
3
4
5
6
Cala d'en
Ces Castellar
SES MARGALIDES
Cap Negret
Can Mique
S' EIVISSA
I. EBIZA
Mar
Mediterrània
Cap Nunó
Cova de ses Fontanelles
PM-812
Juanot
276
sa Foradada
S' ILLETA
Cala Salada
Punta Galera
Punta de sa Galera
Can Germá
Cap Negret
Cap Negret
Stella Maris
Cala Grassió
Cala Grassió
Can Besora de sa Capella
Cap Blanc
Cala Blanca
St. Ant
de Port
Badia de Sant Antoni
Dénia 3½-5h
Cap d' es Cavall
Cap de s' Aguila
ILLA DE SA CONILLERA
I. BLEDA PLANA
Parc
I. BLEDA REDONDA
Cap Blanc
Punta de sa Torre
Cala Roig
Cap la Bassa
Cala Bassa
Punta Xinxó
Can Portes
E-30
I. DES BOSC
NA GORRA
Natural
I. DE S'ESPARTOR
Platjes de Comte
Punta s' Embarcador
Cala Bassa
Port d'es Torrent
Can Portes
I. FRARE
Puig del Delfin
Cala Codolar
Cala Llentia
Cala Corral
Cala Corral
PM-803
Can Berri
Cala Tarida
(118)
Sant Augustí d'es Vedra
Can Ramonent
Cala Tarida
Bella Tarida
de
Cala Molí
St. Josep de sa
Punta de so Llosa
Serra de Cala Molí
243
Cala Molí
Cala Vadella
Coll de sa Creu
475
sa Talaia
PM-803
Cala
Cala Vadella
Serra Mar
Cala Carbó
Serra de Sant Josep
Casas Novas
Cova
Cala Carbó
Cala d'Hort
Can Sindie
d'Hort
Cala d'Hort
Ermita
Vista Alegre
Cap Blanc
Torre del Pirata
413
es Cubells
Mirador d'es Savinar
Llentrisca
Cala d'es Cubells
Cap Negret
Porroig
Can Arribas
Cap d' es Jueu
I. D'ES VEDRANELL
Païssa d'en Font
Cala d'es Xarcu
I. D'ES VEDRA
Cala Llentrisca
Cala d'es Jondal
Punta de Porroig
Cap Llentrisca
Punta
sa Savina 2h
2km

D
E
F
118
Can Pareta
Cova
Sant Miquel de Balansat
Santa Agnès de Corona
Sant Mateu d'Albarca
Can Mortero
Sant Llorenç de Balafia
Balafia
Costa
Can Francoli
804-1
PM-804
Fornou
Serra
812-1
Can Planells
Can Cucons
es Rafal de Dalt
30
Can Mateu
Santa Gertrudis de Fruitera
Talaia de Sant Llorenç
Can Lluc
Puig d' es Bassons
s'Olivera
Riu se Santa Eulària
Can Roig
Can Senyora
C731
812-2
Can Sort
Sant Rafel
Club Sant Rafel
C733
Biniferri
Serra de Biniferri
Can Roig
Can Fornet
Coll de Vila
Monte Cristo
Es Paix
Serra Grosa
Can Piló
Guixa
Jesús
Església de Déu de Jesús
Masiá
Can Serra
Puig Jordi d'en Valls
Can Negret
Puig Gros
Eivissa
Ibiza
Talamanca
Cap Martinet
Catedral
Museu
Punta Mar
Platja de Talamanca
Necròpolis
Figueretes
Dalt Vila
Puig des Molins
Fenecia
Far d'es Botafoc
Punta Grossa
es Viver
Platja de ses Figueretes
I. DE SES RATES
Barcelona 8-10h
Palma de Mallorca 2½-4½h
Punta de Baix
Aquamar
ES DAUS
Can Jondal
Sant Jordi de ses Salines
Platja d'en Bossa
I. D'ES MALVINS
Can Torres
es Prat d'en Fiota
Platja d'en Bossa
PM-801
PM-802
Es Codolar
Poblat Fenici
Sant Francesc de s'Estany
Torre d'es Carregador
I. SAL ROSSA
Caleta
Aeroport Eivissa, Ibiza
Platja d'es Codolar
ses Salines
Corpmarí
Punta Corpmarí
Cap s' Esponja
Jondal
la Revista
Falcó
La Canal
Platja d'es Cavallet
Dénia 3½h
sa Savina 1-1½h
Platja de ses Salines
Cap d'es Falco
Parc Natural
Punta de la Roma
ses Portes
122

A
B
C
121
1
2
3
4
5
6
d'es Codolar
ses Salines
d'es Jondal
159
Punta Corpmarí
Cap s' Esponja
la Revista
166
Falco
La Canal
Platja d'es Cavallet
Eivissa 1-1½h
Cap d'es Falco
Platja de ses Salines
Parc Natural de ses Salines
Punta de la Roma
Punta de ses Portes
IS. NEGRES
I. D'ES PENJATS
Far d'es Penjats
St. Antoni de Portmany
Far d'en Pou
I. D'ES PORCS
I. DE SA TORRETA
Cala Boix
Cala Torretes
Port de s'Espalmador
I. DE S'ESPALMADOR
Punta de Gastavi
Punta del Ras
Trucadors
Platja de ses Illetes
Racó de ses Ampolles
I. POUET
I. RODONA
Platja de Llevant
es Cavall d'en Borrás
Punta de sa Pedrera
sa Savina
Cala Savina
820-2
Can Miquel de Baix
Platja d'es Pujols
Punta
es Pujols
Estany d'es Peix
Estany Pudent
es Banc
Torre se sa Gavina
Can Maianset
Racó d'
Punta de sa Gavina
Can Bartomevet
Església de St. Francesc Xavier
St. Ferràn de
St. Francesc
Cova d'en Jeroni
Ses Roques
Caló d'es Trui
es Ca Marí
Cala Saona
Formentera
Punta Rossa
Can Pujol del Fum
Torre d'es Pi d'es Català
es Ca Marí
820-1
Can Vicent Pins
Racó de s' Argelá
Platja de
Cap Alt
113
Torre
Ca La Coixa
Parra Can Petit
Punta de l'Anguila
Racó de s'Alga
es Plà del Rei
104
Torre d'es Cap de Barbaria
Cap de Barbaria

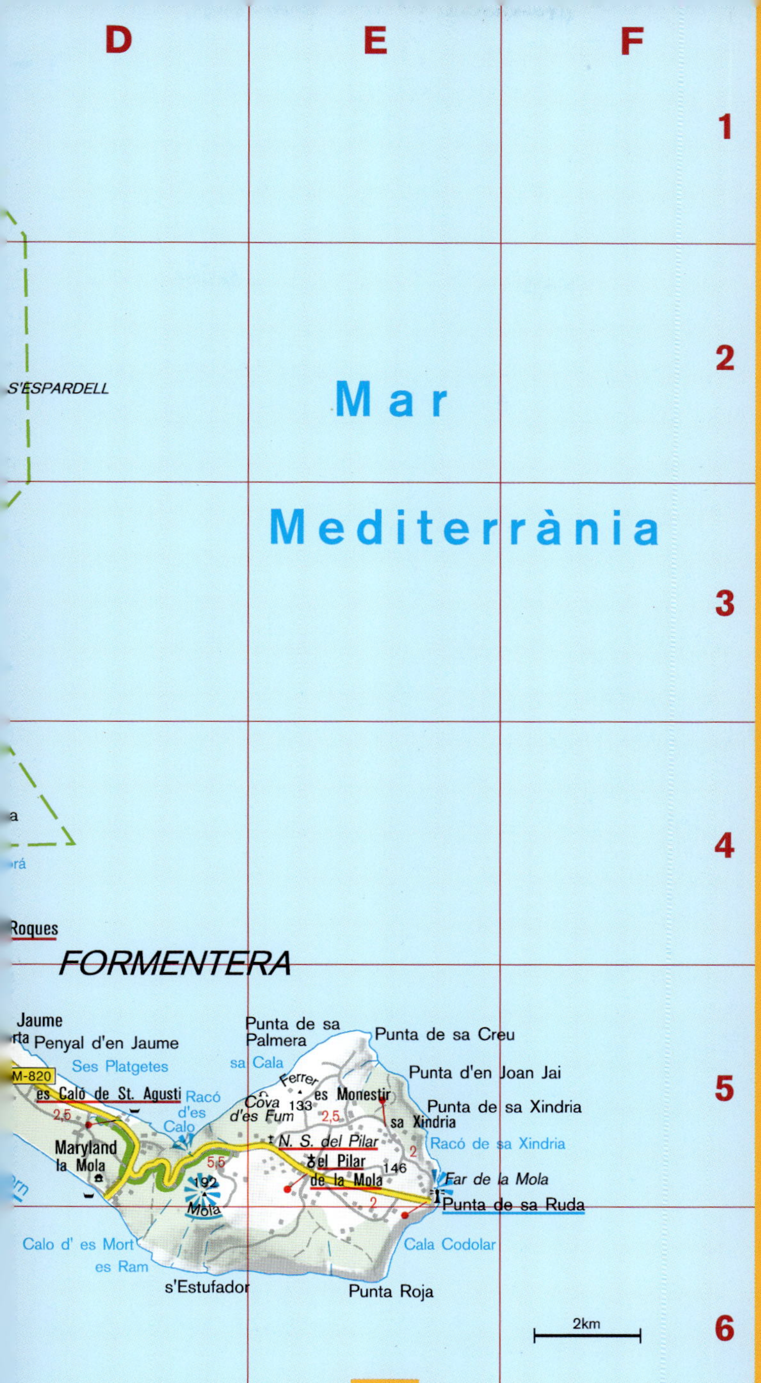

D
E
F
1
2
3
4
5
6
S'ESPARDELL
Mar
Mediterrània
Roques
FORMENTERA
Jaume
Penyal d'en Jaume
Ses Platgetes
PM-820
es Caló de St. Agustí
Racó d'es Calo
Maryland
la Mola
192
Mola
Punta de sa Palmera
sa Cala
Ferrer
Cova d'es Fum
133
es Monestir
N. S. del Pilar
el Pilar de la Mola
146
Punta de sa Creu
Punta d'en Joan Jai
Punta de sa Xindria
sa Xindria
Racó de sa Xindria
Far de la Mola
Punta de sa Ruda
Cala Codolar
Punta Roja
s'Estufador
Calo d' es Mort
es Ram
2km

In diesem Register sind alle in diesem Führer erwähnten Orte, Ausflugsziele und Strände verzeichnet. Halbfette Seitenzahlen verweisen auf den Haupteintrag, kursive auf ein Foto.

Ibiza

Formentera

Schreiben Sie uns!

Liebe Leserin, lieber Leser,

wir setzen alles daran, Ihnen möglichst aktuelle Informationen mit auf die Reise zu geben. Dennoch schleichen sich manchmal Fehler ein – trotz gründlicher Recherche unserer Autoren/innen. Sie haben sicherlich Verständnis, dass der Verlag dafür keine Haftung übernehmen kann. Wir freuen uns aber, wenn Sie uns schreiben.

Senden Sie Ihre Post an die MARCO POLO Redaktion, MAIRDUMONT, Postfach 31 51, 73751 Ostfildern, info@marcopolo.de

Impressum

Titelbild: Villa, Es Cubells (Look: Dressler)
Fotos: R. M. Gill (103); J. Gläser (41, 68); R. Hackenberg (28, 46, 50, 53, 62, 64, 66, 70, 95); HB Verlag: Schröder (U. r., 2 o., 15, 18, 39, 40, 61, 63, 87, 93, 96, 104); laif: Eid (100); Look: Dressler (115); H. P. Merten (U. l., U. M., 1, 4, 12, 25, 76, 88, 99); D. Renckhoff (2 u., 5 l., 5 r., 6, 7, 9, 10, 17, 22, 27, 29, 30, 32, 34, 35, 37, 42, 45, 48, 52, 54, 58, 59, 75, 84, 90); T. Stankiewicz (77, 78, 81, 83); T. P. Widmann (20, 26)

2. (11.) Auflage 2006 © MAIRDUMONT, Ostfildern
Herausgeber: Ferdinand Ranft, Chefredakteurin: Marion Zorn
Redaktion: Jochen Schürmann, Bildredakteurin: Gabriele Forst
Kartografie Reiseatlas: © MAIRDUMONT/Falk Verlag, Ostfildern
Vermarktung: MAIRDUMONT MEDIA, media@mairdumont.com
Gestaltung: red.sign, Stuttgart
Sprachführer: in Zusammenarbeit mit Ernst Klett Sprachen GmbH, Stuttgart, Redaktion PONS Wörterbücher

Printed in Germany. Gedruckt auf 100% chlorfrei gebleichtem Papier

Bloß nicht!

Es gibt Aspekte einheimischer Mentalität, die Touristen fremd sind und an die es sich zu gewöhnen gilt

Falsch parken

Polizisten kennen bei Falschparkern keine Gnade, stellen saftige Strafzettel aus und ordern rasch den Abschleppwagen *(grúa)*. Höllisch aufzupassen gilt es überdies bei gebührenpflichtigen Parkzonen, die Sie leicht an den blau markierten Randstreifen erkennen und die Parkscheine erfordern. An den Automaten sind die maßgeblichen Zeiten angeschlagen. Während der mittaglichen Siesta und sonntags hat man meist Glück, dann ist Parken frei.

Allzu förmlich sein

Oft geht man von vornherein zum Du über, ohne Brüder- oder Schwesternschaft getrunken zu haben. Wer sich in Spanisch übt und sein gleichaltriges Gegenüber mit *Usted* (Sie) anspricht, wird befremdliche Blicke ernten. Das »Sie« bleibt eher älteren Herrschaften vorbehalten oder ist bei formelleren Anlässen gebräuchlich. Ansonsten geht es durchweg locker zu, nicht nur während der Urlaubszeit.

Im Straßenverkehr unachtsam sein

Klar, die Inselkulissen lenken Leihwagenfahrer leicht ab: Hügel, Kiefernhaine, Traumbuchten. Vermeiden Sie unter allen Umständen, den Blick auch nur kurz von Straßen und Pisten zu nehmen! Schlaglöcher lauern überall, abgeschiedene Strecken verfügen weder über Rand- noch Mittelstreifen und schlängeln sich schmal dahin. Bedenken Sie auch, dass sich viele spanische Fahrzeuglenker nicht gerade durch vorausschauende Fahrweise auszeichnen – als Kurvenschneider können sie unangenehm entgegenkommend sein. Ein Hinweis für Fußgänger: Spielen Sie auf Zebrastreifen nicht mit Ihrem Leben, und fordern Sie Ihr Recht nicht auf Gedeih und Verderben ein. Nicht jeder Fahrer stoppt an den Übergängen automatisch!

Dieben das Leben leicht machen

Wo viele Menschen zusammenströmen, sind dunkle Gesellen oftmals nicht weit. Lassen Sie niemals Wertsachen, Kleidung oder Taschen, die lukrativen Inhalt vermuten lassen, sichtbar im Innern Ihres Wagens zurück. Auch im Gedränge von Märkten oder bei jeglicher Art von Events sollten Sie vor Taschendieben auf der Hut sein. Nehmen Sie im Zweifelsfall nur das Nötigste mit, lassen Sie Handtaschen nicht unbedarft über den Rücken baumeln, geben Sie Dokumente und Geldreserven vorsichtshalber in den Safe Ihres Hotels.